esotera

Taschenbuch
im Verlag Hermann Bauer

Melita Denning und *Osborne Phillips* sind Experten auf dem Gebiet der Geheimlehren westlicher Tradition und führende Vertreter einer hermetischen Schule, deren Einfluß und Wirken sich 1000 Jahre zurückverfolgen läßt. Ihre esoterische Unterweisung erhielten die Autoren größtenteils im magischen Orden Aurum Solis, einer im Jahre 1897 gegründeten Geheimgesellschaft, die bis heute aktiv ist. Derzeit ist Melita Denning Großmeister des Ordens und Osborne Phillips Präzeptor (Vorsteher). In den vergangenen Jahren haben beide Autoren zahlreiche Bücher und Tonträger herausgebracht.

Melita Denning
Osborne Phillips

Psychischer Selbstschutz

Die Entwicklung positiver Kräfte

Verlag Hermann Bauer
Freiburg im Breisgau

Die Deutsche Bibliothek – CIP-Einheitsaufnahme

Denning, Melita:
Psychischer Selbstschutz : die Entwicklung positiver Kräfte / Melita Denning ; Osborne Phillips.
[Dt. von Karin Hirschmann]. –
1. Aufl. – Freiburg im Breisgau : Bauer, 1996
(esotera-Taschenbuch)
Einheitssacht.: Llewellyn practical guide to psychic self-defense & well-being ⟨dt.⟩
ISBN 3-7626-0681-1
NE: Phillips, Osborne:

Die amerikanische Originalausgabe erschien 1995 unter dem Titel
Llewellyn Practical Guide to Psychic Self-Defense & Well-Being

Deutsch von Karin Hirschmann

Die Reihe *esotera-Taschenbuch* erscheint im
Verlag Hermann Baur KG, Freiburg im Breisgau.

1. Auflage 1996

Umschlag: Designagentur Peter Krafft, Freiburg im Breisgau
Umschlagfoto: Comstock
Satz: CSF · ComputerSatz GmbH, Freiburg im Breisgau
Druck und Bindung: Clausen & Bosse GmbH, Leck
Printed in Germany

ISBN 3-7626-0681-1

Gedruckt auf chlorfrei gebleichtem Papier

Inhalt

Einleitung

Psychischer Selbstschutz, das klingt, als müßte man sich ständig gegen psychische Angriffe wehren.

Nun, in einem gewissen Sinne stimmt das auch, sind wir häufig psychischen Angriffen ausgesetzt, ohne daß uns der Angreifer offiziell den Kampf ansagt.

Gemeint sind Menschen, die dir Dinge verkaufen wollen, die du nicht brauchst, Dienstleistungen aufschwätzen, die du nicht willst, und Investitionen, die du dir nicht leisten kannst, oder solche, die deine Stimme oder Unterstützung wollen oder deine steuerlich absetzbare Spende.

Diese Form von Angriff ist sozusagen Bestandteil unserer modernen Welt und hemmt dich in deiner persönlichen Entwicklung und Entfaltung.

Psychischer Selbstschutz heißt nicht, in ständiger Angst herumzulaufen und hinter jeder Ecke einen Angreifer zu vermuten. Es ist vielmehr eine Sache der Stärke, des Vertrauens, des Erfolgs und der Erfüllung, die du durch die Anwendung eines einfachen und absolut natürlichen geistigen Trainings erlangen kannst.

Manche Menschen schützen sich ganz automatisch, ohne auch nur das geringste von den hier vorgestellten Prinzipien und Techniken zu wissen. Andere dagegen haben gelernt, diese natürlichen Fähigkeiten nicht zu gebrauchen oder haben sie durch irgendwelche früheren, unbewußt erlittenen Traumata verloren.

»Angriff ist die beste Verteidigung!« Diesen Ausspruch kennt wohl jeder, doch hier gewinnt er eine völlig neue Bedeutung. Denn die zu erlernenden Techniken machen dich stark und selbstsicher, unangreifbar für die Wünsche anderer, und bestärken dich in deinem Selbst, so daß du dein Leben nach deinen eigenen Überzeugungen leben und in deinem Beruf glücklich und erfolgreich sein kannst.

Es handelt sich nicht um einen Zustand der »Alarmbereitschaft«, in dem du nur darauf wartest, deine eigenen psychischen Waffen einzusetzen, sobald es den Anschein hat, jemand würde dich angreifen. Nennen wir es lieber »Freiheit durch Stärke«.

Dieser Zustand ist vergleichbar mit einer robusten Gesundheit. Wenn wir unser körperliches und geistiges Wohlbefinden durch ausgewogene Ernährung, körperliche Ertüchtigung, eine saubere Umwelt und eine vernünftige Lebensführung fördern, brauchen wir auch keine Angst zu haben, uns am offenen Fenster einen Zug zu holen, uns bei Kranken anzustecken oder in die freie Natur hinauszugehen. Wenn wir uns nämlich bester Gesundheit erfreuen, ist das wie ein natürlicher Schutzschild gegen Krankheiten aller Art.

Darüber hinaus tragen die Prinzipien des psychischen Selbstschutzes auch zur Erhaltung der körperlichen Gesundheit bei, denn Psyche und Körper sind in der Tat eng miteinander verknüpft. Die Anwendung der hier vorgestellten Techniken fördert also das allgemeine Wohlbefinden.

Indem das Wohlbefinden jedes einzelnen Menschen verbessert wird, wird auch die Gemeinschaft als solche gestärkt, und wir tragen aktiv zu einer gesünderen Umwelt, weniger Gewalt und einer angenehmen psychischen Atmosphäre bei. Diese Entwicklung möchten wir mit dem vorliegenden Buch unterstützen und dem Leser Möglichkeiten an die Hand geben, selbst aktiv zu werden und somit für sich und andere was zu tun.

Carl Llewellyn Weschcke
Verleger

Kapitel 1

Das Wichtigste auf einen Blick

1. Psychischer Selbstschutz ist lebenswichtig!
2. Jeder Mensch setzt sich zusammen aus Körper, Gefühl, Geist und Seele, und alle diese Ebenen wirken fortwährend aufeinander ein.
   - Die Astralebene, das heißt die instinktgesteuerten Aufgaben des Nervensystems zusammen mit den emotionalen Abläufen, ist am anfälligsten für psychische Einflüsse.
   - Die Vorstellungskraft, eine Sonderfunktion der emotionalen Astralebene, kann über den Verstand so geschickt gelenkt werden, daß sie genau das wiedergibt, was der Person in ihrer Ganzheit guttut.
   - Dinge, derer wir uns nicht bewußt sind, können uns über die Astralebene beeinflussen: Vergessenes oder Verdrängtes, unterschwellig Wahrgenommenes, Dinge, die uns nur astral erreichen.
3. So wie der physische Körper eines jeden Menschen Teil der physischen Welt ist, ist auch seine Astralebene Teil der Astralwelt.
   - Unbewußtes Erleben kann zu bewußtem Handeln führen, zum Beispiel wenn unterschwellig wahrgenommene Werbung uns irrationale Entscheidungen treffen läßt.
   - Die Astralebene ist das Sammelbecken für Einflüsse von Aktivitäten physischer, instinktiver, emotionaler, mentaler und spiritueller Art, ausgehend von natürlichen Phänomenen, von anderen Menschen oder anderen Wesen.
   - All diese Dinge können uns beeinflussen, müssen es

aber nicht, denn wir verfügen über natürliche Abwehrmechanismen, die sich noch weiter ausbauen lassen.
   - Über die Astralebene erreichen uns, gewollt oder ungewollt, psychische Angriffe oder die psychischen Auswirkungen von Eifersucht, Zorn oder Herrschsucht.
4. Aufgrund von Krankheit oder seelischen Ursachen wird unsere natürliche Abwehr (unsere »Widerstandskraft«) zuweilen geschwächt. Manche Menschen sind von Natur aus empfänglicher für bestimmte Einflüsse; manche Tätigkeiten machen uns anfälliger.
5. Eine gestärkte Aura ist Grundvoraussetzung für richtigen psychischen Selbstschutz.
   - Menschen, die eine »Antenne« für Außersinnliches haben, benötigen Techniken zur Aurastärkung, um ihre Empfänglichkeit »abzuschalten«.
   - Menschen im Wirtschaftsleben sind besonders anfällig für psychischen Streß.
   - Menschen in sozialen Berufen und im psychologischen Beratungsdienst sind ebenfalls stark gefährdet.
   - Jeder körperlich oder seelisch Kranke profitiert von einer Stärkung der Aura.
   - Vor allem Hausfrauen müssen sich psychisch wehren können. Sie sind Ansprechpartner für die familiären Belange. Als »Chefeinkäufer« der Familie sind sie in besonderer Weise der Werbung und dem Kaufzwang der konsumorientierten Gesellschaft ausgeliefert.

Warum psychischer Selbstschutz?

Psychischer Selbstschutz geht uns alle an, und als intelligente Menschen sollten wir diesem Thema unsere ungeteilte Aufmerksamkeit schenken.

Das sind wir nicht nur uns selbst schuldig. Wir tragen schließlich auch Verantwortung für unsere Familie und Freunde, für alle, die unserer Obhut anvertraut sind, und nicht zuletzt auch für die Gesellschaft und die Erde als Ganzes. Psychischer Selbstschutz ist wichtig für unser körperliches und seelisches Wohl wie auch für unser geistiges und spirituelles, denn jeder Mensch besteht aus verschiedenen Seinsebenen: der physischen, emotionalen, geistigen und spirituellen. Und diese Ebenen wirken ständig aufeinander ein.

Am anfälligsten für psychische Einflüsse ist die Ebene mit den niederen, instinktabhängigen Funktionen der Psyche (die mit dem Nervensystem des Körpers vernetzt sind) und den emotionalen Funktionen. Letztere stehen einerseits mit den Instinkten in Verbindung und andererseits mit den von der Vernunft geleiteten oder gar spirituell befrachteten Emotionen. Das Ganze bezeichnen wir als die Astralebene der Psyche, deren niedere Bereiche manche Autoren auch mit ätherisch umschreiben. Wir halten es jedoch für angebracht, uns auf diesen einen Begriff zu beschränken.

Die Imagination oder Vorstellungskraft ist eine Sonderfunktion der psychischen Astralebene. Sie reagiert nicht nur stark auf instinktive und körperliche Reize, wie zum Beispiel den Geschlechtstrieb und Hungergefühle, sie läßt sich auch über den Verstand steuern, der dann bildhafte Vorstellungen hervorbringt, die dem Menschen in seiner Ganzheit guttun sollen. Die Imagination kann sogar die spirituellen Bestrebungen eines Menschen bildlich wiedergeben.

Wir sind uns nicht jeder Funktion der Psyche bewußt, so auch nicht der, die die Verdauung reguliert. Daß es diese Funktion gibt, erkennen wir daran, daß bei Kummer und Sorgen unser Magen revoltiert oder daß ein »Ausbruch« längst vergessen geglaubter Erinnerungen Durchfall verursacht. Und leider wissen wir meist gar nicht, was uns veranlaßt hat, impulsiv zu reagieren oder bestimmte Dinge zu sagen. Probleme dieser Art tauchen auf, weil es neben den Dingen, die unsere Psyche ganz gut ohne unser bewußtes Zutun »verdaut«, auch noch andere gibt, die wir »unter den Teppich gekehrt« haben, weil wir sie nicht wahrhaben wollen.

Probleme, die durch eine Verlagerung von Bewußtseinsinhalten in das eigentlich gar nicht dafür zuständige Unterbewußtsein entstehen, haben wir uns zum Teil selbst zuzuschreiben. Meist fehlt uns die nötige Reife, gefühlsmäßig mit einer bestimmten Situation fertig zu werden (zum Beispiel in der Kindheit oder in einer normalen Streßsituation), und wir versäumen es, sie später, wenn wir reifer, ausgeglichener oder erfahrener sind, noch einmal genau zu überdenken. Häufig sind aber auch die von der Gesellschaft aufgestellten Normen schuld daran. Das ändert sich allmählich, aber es gibt immer noch viele Menschen, die mit Tod, Sexualität und selbst mit ganz normalen Körperfunktionen etwas verbinden, »über das man nicht spricht« (wobei es nicht darum geht, sich in der Öffentlichkeit dazu zu äußern), und das demzufolge auch nichts mit ihrem Leben zu tun hat, nicht einmal in ihren Gedanken. Viele gestehen sich nicht einmal ihre ureigenen Gefühle, die persönliche Wahrnehmung der Dinge ein, wenn diese nicht einem in ihrer Vorstellung vorhandenen »Standardmuster« entsprechen.

Nicht selten passiert es dann, daß unser Bewußtsein

viele Dinge gar nicht mehr registriert, die in seinem Zuständigkeitsbereich liegen, während unser Unterbewußtsein sich erdrückt fühlt, Schuldgefühle entwickelt und sich fürchtet vor Schwierigkeiten, die es weder begreifen noch meistern kann.

Wir täten alle gut daran, von Zeit zu Zeit einen Blick in die Vergangenheit zu wagen, nicht um darüber nachzugrübeln, sondern um sie vom Standpunkt des gegenwärtigen Wissens und Verständnisses zu beleuchten.

In unserer natürlichen Umwelt – in der auf uns alle einwirkenden äußeren Umgebung – gibt es auch eine »Astralwelt«, und die persönliche Astralebene ist ein Teil davon. Ebenso gibt es eine materielle Welt, der unser physischer Körper angehört; eine geistige Welt, der unser menschlicher Geist angehört, und eine seelische Welt, der unsere Seele angehört.

Die Tatsache, daß wir uns vieler Vorgänge auf diesen verschiedenen Ebenen nicht bewußt sind, äußerlich wie innerlich, macht unsere Position nicht sicherer, ganz im Gegenteil. Um dies an einem banalen Beispiel zu erläutern, sei an das öffentliche Aufsehen erinnert, das vor einigen Jahren das Thema »die unterschwellige Wirkung Werbung« erregt hat.

Das Wort »unterschwellig« hat hier die Bedeutung von »unterhalb der Schwelle des Bewußtseins« und somit »nicht innerhalb des Bewußtseinsfeldes«. Bereits im 17. Jahrhundert kam der deutsche Philosoph Leibniz zu dem Schluß, daß selbst schwache oder flüchtige Wahrnehmungen, die nicht ins Bewußtsein dringen, unbewußt noch registriert werden und daß diese unbewußten Wahrnehmungen dann oder zu einem späteren Zeitpunkt bewußte Vorstellungsbilder, Gedanken, Worte oder Handlungen auslösen können, ohne daß sie selbst ins Bewußtsein gelangen. Sie bleiben unterschwellig, unterhalb der Schwelle des Bewußtseins.

Dazu ein Beispiel: Jemand, der in einem alten Haus lebt, das, seit er denken kann, Risse in den Wänden und knarrende Dielen hat, wird sich wahrscheinlich niemals bewußt ein Bild vom Ausmaß der Schäden im Haus gemacht haben. Deshalb nimmt er auch nicht bewußt wahr, daß die Risse und das Knarren immer schlimmer werden. Falls es materielle Vorteile bietet, dort wohnen zu bleiben, wird er auch nicht gewillt sein, den Verfall des Hauses zu bemerken. Doch etwas in seinem Unbewußten schenkt der Sache Beachtung, und schließlich fängt er an zu träumen, daß das Haus einstürzt.

Wenn er superschlau ist, wird er diese Träume als »Angstträume« abtun und unbekümmert in dem Haus weiterleben, bis es tatsächlich einstürzt. Wenn er nicht so schlau ist, wird er seine Träume völlig ignorieren, was schließlich auf dasselbe hinausläuft. Wenn er in bezug auf Schlauheit guter Durchschnitt ist, wird er wahrscheinlich über den Traum die Veränderungen zur Kenntnis nehmen und einen Gutachter bestellen. Dann aber wird er mit Sicherheit zu dem Schluß kommen, daß ihm mit der rechtzeitigen Warnung im Traum eine besondere Gunst des »Himmels« zuteil wurde. Das ist nicht weiter verwunderlich, denn er wird sich wohl kaum daran erinnern, je etwas von der Baufälligkeit bemerkt zu haben, vor der ihn sein Unterbewußtsein gewarnt hat.

Diese eigentümliche Fähigkeit der Psyche, unbewußtes Erleben in bewußtes Handeln umzusetzen, macht sich seit einigen Jahren die Werbung zunutze. Es begann alles damit, daß eine Reihe von Bildern, die eine bestimmte Botschaft enthielten, in einen Kinofilm eingeblendet wurden. Dabei war es völlig nebensächlich, welche Aussage der Film als Ganzes hatte. Während der Film lief, nahm der Zuschauer diese unterschwelligen »Einblendungen« höchstens als ein Flimmern wahr, meistens wurden sie überhaupt nicht vom Bewußtsein registriert. Das Unterbewußtsein jedoch, als Teil des nicht dem Verstand zugeordneten Bereichs der Psyche, hatte die Botschaft empfangen. Und mit ziemlicher Sicherheit folgte auch eine Reaktion auf diese Botschaft, weil der Verstand, der ja nichts von den ganzen Vorgängen wußte, sich kein Urteil darüber bilden konnte. Die Folge davon war ähnlich wie wenn jemandem durch Hypnose ein Auftrag erteilt wurde, den er im Anschluß daran ausführte.

Für eine Untersuchung, in der diese Methode der Beeinflussung gezeigt werden sollte, wurde in einen Film neutralen Inhalts ein Erfrischungsgetränk eingeblendet. Dieser Film wurde dann einer Gruppe von Freiwilligen – Frauen und Männern unterschiedlichen Alters und Lebensstils – gezeigt. Nach der Filmvorführung wurden verschiedene Erfrischungsgetränke herumgereicht, und eine überwältigende Mehrheit der Zuschauer wählte genau die Marke, die unterschwellig in den Film eingeblendet worden war.

Dieser Art der Werbung stellt rein rechtlich einen Verstoß gegen die persönliche Freiheit dar. Wie aber steht es um die persönliche Freiheit, wenn andere subtile Kräfte – Angst, Begierde, Stimulation oder Depression – unbemerkt auf die Psyche einwirken?

Solche subtilen Kräfte können bewußt oder unbewußt erzeugt werden, mit oder ohne böse Absicht, mit oder ohne Verständnis. Meistens gehen sie von Menschen aus, manchmal sind sie auch nichtmenschlichen Ursprungs. Zuweilen sind ihre Opfer, ohne es zu wissen, selbst für deren Existenz verantwortlich.

Auf der Astralebene der Psyche und der Außenwelt treffen in der Tat unzählige Einflüsse aufeinander, Einflüsse, die von physischen, instinktgesteuerten, emotionalen, mentalen und spirituellen Aktivitäten der Meschen oder anderer Wesenheiten herrühren. Naturerscheinungen wie Erdbeben und Unwetter, spezielle Reize wie Farbe, Töne und Gerüche und auch verschiedene künstlich erzeugte Energiequellen, sie alle erzeugen ganz feine, aber auch spürbare Schwingungen und tragen zu der ständig wechselnden Flut von astralen Einflüssen bei.

Die unheimlichen Voraussagen von Menschen mit

einer sogenannten Erdbeben-Aura und die gesteigerte Wahrnehmungsfähigkeit, die häufig bei Menschen anzutreffen ist, die mit Naturgewalten leben, wie zum Beispiel Seeleute, Waldarbeiter, Flieger und andere, das alles deutet darauf hin, daß es Einflüsse gibt, die auf jeden von uns wirken, ob wir davon Kenntnis haben oder nicht, ob wir uns dessen bewußt sind oder nicht.

Magische Praktiken können, wenn sie ohne entsprechende Kenntnis und Sorgfalt durchgeführt werden, starke Kräfte mobilisieren, die nicht nur auf den einwirken, der sie heraufbeschworen hat, sondern auch auf andere Menschen.

Außerdem gibt es noch die Fälle, in denen okkulte Praktiken bewußt eingesetzt werden, um Handlungen, Gefühle oder die Gesundheit eines Menschen zu beeinflussen. Selbst »gutgemeinte« Anstrengungen führen nicht zum Erfolg, wenn Erfahrung, Verständnis sowie die Zustimmung des Betreffenden fehlen. (Es ist ein anerkanntes esoterisches Prinzip, immer erst die Erlaubnis des Betreffenden einzuholen, selbst für eine »Fernheilung«.)

Wir sind nicht allen diesen Einflüssen auf Gedeih und Verderb ausgeliefert; im Grunde sind wir ihnen überhaupt nicht ausgeliefert, wenn wir physisch und psychisch einigermaßen gesund sind. *Wir alle verfügen nämlich über natürliche Abwehrmechanismen, und mit einfachen Mitteln können wir diese noch weiter ausbauen.*

Krankheit oder seelische Ursachen können jedoch unsere Widerstandskraft schwächen. Einige von uns sind bestimmten Einflüssen gegenüber besonders anfällig. Deshalb sollte ein jeder Bescheid wissen über die versteckten Gefahren, die Symptome sowie die zu ergreifenden Schutz- und Hilfsmaßnahmen für jede Art des psychischen Angriffs. Das vorliegende Buch liefert dazu Informationen, Ratschläge und praktische Anleitungen, die jeder kennen sollte, und geht darüber hinaus auch auf

- ○ Bitte senden Sie mir ein kostenloses Probeheft *esotera*
- ○ Bitte senden Sie mir ein Gesamtverzeichnis des Verlages Hermann Bauer

Ich beziehe mein Bücher über folgende Buchhandlung:

____

Bitte geben Sie deutlich Ihre Anschrift an:

Name ________________________

Vorname ________________________

Straße Nr. ________________________

PLZ Ort ________________________

Bitte mit 80 Pfg. frankieren, falls Briefmarke zur Hand

Antwort

Verlag Hermann Bauer KG
Postfach 167

79001 Freiburg

die speziellen Bedürfnisse einzelner Personengruppen ein.

Wer sind diese Personengruppen mit den speziellen Bedürfnissen? Natürlich können an dieser Stelle nicht alle Probleme aufgezeigt werden, die dieses Buch behandelt; aber es gibt einige Personengruppen, für die psychischer Selbstschutz ein absolutes Muß ist. Dazu zählt:

Der *Okkultist*. Bei den okkulten Orden älteren Stils hat es schon Tradition, sich gegenseitig zu »befehden«, was ein flüchtiger Blick auf die Werke von Aleister Crowley oder Dion Fortune beweist. Auf diese alberne Tradition können wir gut verzichten, und die Hektik des modernen Lebens läßt den meisten von uns ohnehin keine Zeit für solchen Unfug. Es gibt dennoch Situationen, in denen ein Okkultist sich den Zorn oder Neid seiner Mitstreiter zuzieht, und die werden mit ihren Gefühlen wohl kaum hinterm Berg halten und sich entsprechend rächen.

Eines Nachts vor nicht allzu langer Zeit gelang es einem jungen Okkultisten, der im Schlaf von einem Widersacher astral angegriffen wurde, diesen Angriff erfolgreich abzuwehren und den Angreifer in die Flucht zu schlagen. Am nächsten Morgen aber stellte er fest, daß ein großes Möbelstück in seinem Schlafzimmer stark eingedellt war, und diese Dellen schienen von den Schlägen herzurühren, die ihn nachts verfehlt hatten. Das war höchst merkwürdig, und die Vermutung lag nahe, daß der erfolglose Angreifer diese Spuren als Beweis für die Echtheit seiner Attacke hinterlassen hatte.

Diese Form der Aggression hat nichts mit den Angriffen von niederen Elementalen zu tun. Dabei handelt es sich in der Regel um zufällige Begegnungen, bei denen Ausweichmanöver meist schon reichen. Spukphänomene wiederum sind nur höchst selten mit irgendeiner Form von Angriff verbunden (ein beruhigender Gedanke für ängstliche Menschen), doch auf die verschiedenen Spukphänomene werden wir später noch eingehen.

Richtiger psychischer Selbstschutz erfordert in erster Linie eine gesunde, gestärkte Aura. Darauf werden wir im folgenden Kapitel näher eingehen.

Wichtig ist eine gestärkte Aura auch zur Abwehr von Angriffen einer ganz anderen Art, der insbesondere Esoteriker, Mystiker oder andere Freidenker ausgesetzt sind. Vor allem in jungen Jahren müssen sie sich gegen Kräfte wehren, die von Nichtesoterikern, Nichtmystikern – meistens von besorgten oder aufgebrachten Verwandten, Freunden oder Nachbarn – aktiviert wurden. Trotz ihres Unwissens können diese eine beachtliche Menge an emotionalem Widerstand gegen die Aktivitäten, Überzeugungen oder die Lebensführung des jugendlichen Rebellen aufbauen, und weil auch sie das Recht haben, sich gegen etwas zu schützen, das sie als Bedrohung ihrer traditionellen Sicht- und Lebensweise empfinden, kann jedes Anzeichen von Schwäche bei dem, der neue Wege beschreitet, die Selbstverteidigung des »Clans« zu einem vernichtenden Angriff werden lassen, ob absichtlich oder nicht. Eine solche Situation gilt es zu erkennen und ihr entschieden entgegenzutreten.

Eine exakte Schilderung dieser Art von Gegenwehr findet sich im Evangelium nach Markus, Kapitel 6, Vers 4. Dort heißt es: »Jesus aber sprach zu ihnen: ›Ein Prophet gilt nirgends weniger als in seinem Vaterland und bei seinen Verwandten und in seinem Hause.‹ Und er konnte dort nicht eine einzige Tat tun, außer daß er wenigen Kranken die Hände auflegte und sie heilte. Und er wunderte sich über ihren Unglauben.«

Interessant ist in diesem Zusammenhang, daß der mangelnde Erfolg seiner näheren Umgebung angelastet wird, die ja auch zu Recht dafür verantwortlich ist: »Und er wunderte sich über ihren Unglauben.«

In jüngster Zeit ist es modern geworden, sich bei zwischenmenschlichen Beziehungen, die nicht den gewünschten Verlauf nehmen, immer wieder zu fragen »Was habe *ich* falsch gemacht oder versäumt?« und darauf wahrscheinlich keine Antwort zu finden. Natürlich sollten wir für unsere eigenen Taten, die guten wie die schlechten sowie die irrtümlicherweise begangenen, die volle Verantwortung übernehmen. Ein solches Verantwortungsgefühl stärkt sowohl unsere astralen als auch unsere geistigen Abwehrmechanismen. Aber wenn wir zulassen, daß andere Menschen uns Schuldgefühle einreden, dann ist das etwas völlig anderes und kann unsere gesamte Abwehr zunichte machen.

Eine andere Personengruppe, die psychischen Selbstschutz besonders nötig hat, umfaßt die *Sensitiven und alle medial begabten oder veranlagten Menschen.* Viele, die sich als Jugendliche oder Erwachsene für den Weg des Magiers, Okkultisten oder Heilers entschieden haben, haben ihre Laufbahn als Sensitive begonnen und verdanken ihre spätere Beschäftigung den als Kind passiv erfahrenen immateriellen Wirklichkeiten. Andere Sensitive sehen aufgrund ihrer Veranlagung oder ihrer Anschauungen ihre Lebensaufgabe in der Weiterentwicklung und Anwendung ihres gesteigerten Empfindungsvermögens als Hellseher, Wahrsager, Prophet oder Medium.

Die Bedeutung des Begriffs Sensitiver ist klar. Es dürfte also niemand verwundern, wenn ein solcher Mensch zum Beispiel angesichts eines Mordfalls oder Selbstmordes tief beunruhigt oder vom ganz normalen Geschäftsgebaren angewidert ist. Ein Sensitiver ist zwangsläufig immer überempfindlich oder eben sensitiv.

Um das Leben für sich und ihre Mitmenschen lebenswert zu machen, sollten das Medium, der Hellseher und all die anderen zu dieser Kategorie zählenden Menschen ihre medialen Wahrnehmungen unbedingt »ausblenden«, wenn diese nicht ausdrücklich erforderlich sind (unter Anleitung eines erfahrenen Lehrers müßten sie diese Technik eigentlich bald beherrschen). Diejenigen, die von Kindesbeinen an medial begabt oder veranlagt sind, haben das »Ausblenden« wahrscheinlich nicht gelernt, und so werden wir uns im folgenden Kapitel näher damit befassen.

Was die *Geschäftswelt* angeht, können wir die einzelnen Gründe anführen, warum psychischer Selbstschutz gerade für die in diesem Umfeld arbeitenden Männer und Frauen so wichtig ist. Die Tatsache, daß Menschen in diesem Dunstkreis überleben können und zuweilen auch Erfolg haben, beweist noch lange nicht, daß das Geschäftsleben besonders heilsam für die Psyche ist. Die erfolgreichsten Menschen gehen meist Hobbys oder Freizeitbeschäftigungen nach, die mit ihrer täglichen Arbeit nicht das geringste zu tun haben. Und selbst den stumpfsinnigsten Menschen wird manchmal – zumindest teilweise – bewußt, daß sie andauernd ein Bombardement von Neugierde, Neid, Machtstreben, Eifersüchteleien und Rivalitäten über sich ergehen lassen müssen, wodurch Kollegen sie ständig beurteilen, auf die Probe stellen, herausfordern, unter Druck setzen, einschüchtern, schwächen, überwältigen, kaufen, verkaufen oder anderweitig aus ihnen Profit schlagen. Das mag nicht überall so sein, aber in den meisten großen Wirtschaftsunternehmen ist es an der Tagesordnung.

In solch einer aufgeladenen Atmosphäre wirkt sich jeder zusätzliche Streß extrem negativ aus. Zusätzlicher Streß entsteht von Zeit zu Zeit durch die Màchtspielchen und Egotrips einzelner, angestachelt durch die Aussicht auf ein begehrtes Ziel oder aus irgendeiner inneren Motivation heraus. Außer den ganz einfach Ehrgeizigen gibt es noch die zwanghaften Erfolgstypen und Neurotiker, die sich für unentbehrlich halten, mit denen sowieso kein Normalsterblicher mithalten könnte.

Abgesehen davon, daß durch dieses übertriebene Konkurrenzverhalten massiv Druck auf das Bewußtsein ausgeübt wird, gilt es zu berücksichtigen, was landläufig unter »Atmosphäre« verstanden wird, nämlich die kollektive Kommunikation von Psyche zu Psyche, die in der

Tat unterschwellig abläuft. Auf das Bewußtsein wirken sie sich in Form von unbegründeten Angstgefühlen, Streß, Wut, scheinbar grundlos aufwallenden Aggressionen oder Ängsten und bei manchen Menschen auch als Depressionen und Minderwertigkeitsgefühlen aus. Diese destruktiven emotionalen Reaktionen treffen aber nicht nur Menschen, die den Egozentrikern und Machtbesessenen im Wege stehen, sondern jeden in Reichweite, dessen psychische Abwehr geschwächt ist.

Eine große und vielschichtige Gruppe von Personen, die neben ihren anderen Fähigkeiten auf psychischen Selbstschutz angewiesen ist, setzt sich aus den Menschen zusammen, die tagtäglich mit den psychischen Bedürfnissen – auf geistiger, emotionaler oder instinktgesteuerter Ebene – ihrer Mitmenschen konfrontiert werden. Es handelt sich hierbei um *Sozialarbeiter*, *Bewährungshelfer*, *Krankenschwestern* (insbesondere in der Psychiatrie), *Psychotherapeuten*, *Mitarbeiter im psychologischen Beratungsdienst*, *Geistliche* und alle, die viel mit psychisch Kranken oder Exzentrikern zu tun haben. Der ständige Kontakt, bewußt wie unbewußt, mit den negativen oder unangemessenen Gefühlsäußerungen ihrer Schützlinge hat zuweilen ungeahnte Folgen. Professionelle Helfer (zum Beispiel Geistliche oder Therapeuten) lernen im Zuge ihrer Ausbildung meist irgendwelche Schutzmaßnahmen kennen, aber das ist durchaus nicht bei allen der Fall, und dann gibt es auch viele, die Selbstschutz für überflüssig halten.

Dabei wäre er so wichtig für ihre Gesundheit und ihren ständigen Einsatz (zur Vermeidung von plötzlichen Zusammenbrüchen, Gürtelrose-Attacken und anderen Leiden, die bevorzugt psychisch angegriffene oder erschöpfte Menschen befallen), aber nicht nur das. Darüber nachzudenken würde ihnen auch helfen, die Kräfte der unsichtbaren Welten, mit denen die Hilfesuchenden zu kämpfen haben, besser zu verstehen. Menschen, die seelische Hilfestellung leisten wollen, sollten sich deshalb während ihrer Ausbildung einer Analyse unterziehen, damit sie bewußt etwas über die Welten erfahren, die – für jeden von uns – jenseits der behaglichen »vier Wände« der Vernunft liegen. Sie werden dann um so besser für ihren Beruf gerüstet sein und gleichzeitig ihr eigenes Wohl im Auge behalten.

Überflüssig zu sagen, daß auch die *psychisch Kranken* psychischen Selbstschutz brauchen. Allerdings gibt es da einige Seiten, die nicht so offensichtlich sind, wie sie auf den ersten Blick erscheinen. Jeder Kranke, ob bei ihm die Psyche oder der Körper im Mittelpunkt der Erkrankung steht, braucht psychischen Selbstschutz – und das nicht nur bei der Behandlung seiner Krankheit.

Im Hinblick auf die jeweilige Erkrankung – ganz gleich welcher Art – leistet psychischer Selbstschutz oft wertvolle Hilfe, manchmal kommt dadurch sogar eine Heilung zustande. Man kann nicht zwischen Psyche und physischem Körper trennen: Der Mensch ist eine Einheit. Kranke benötigen aber auch aus einem anderen Grund Hilfe: In der Natur (von der wir ein Teil sind) sind es meistens die kranken, schwachen oder verletzten Tiere, die gejagt werden. Wenn Löwen eine Antilopenherde verfolgen, dann erbeuten sie nicht das schönste und stärkste Tier, sondern passen auf, welches Tier hinter dem fliehenden Pulk zurückbleibt, zuerst ermüdet oder ins Stolpern gerät. Am anderen Ende der Skala steht der Mensch, das größte Raubtier, und obwohl die medizinische Wissenschaft den einen oder anderen Bazillus, den einen oder anderen Virus als Krankheitsursache benennen kann, zeigt sich immer wieder, daß diese Krankheitserreger auch bei den gesündesten Menschen vorkommen. Durch Erkältung, Schock, falsche Ernährung, Depressionen, ein Gefühl der Ablehnung oder irgendeinen anderen »negativen« Zustand vermehren sich diese Erreger und verursachen die Krankheit. Aber auch die unsichtbaren Welten sind voller Einflüsse und Wesen, die von einer unkontrollierten Flut von Energie angezogen werden. Deshalb müssen wir sowohl die psychisch als auch die körperlich Kranken schützen.

Psychischer Selbstschutz hat auch innerhalb der *Familie* seine Berechtigung, nicht nur in so gravierenden Fällen, wenn Frauen von ihren Männern geschlagen werden oder Männer unterm Pantoffel ihrer Frauen stehen, sondern vor allem, wenn es an Liebe und Harmonie mangelt. Da ist zum Beispiel das überbehütete Familienmitglied – Ehepartner, Kind (selbst das erwachsene Kind), auch ein Elternteil oder ein anderer älterer Verwandter, der mit seinem Frust nicht fertig wird, weil ihm jegliche Privatsphäre und Möglichkeit genommen oder aber das Gefühl vermittelt wurde, andere damit zu verletzen oder zu belästigen.

Paradoxerweise gibt es Fälle, in denen jedes Familienmitglied diese Art von Machtspiel zu jeweils unterschiedlichen Bedingungen mit dem Rest der Familie spielt. Das artet dann – meist unbewußt – in ein regelrechtes Turnier aus – ein Gefühlspoker – bei dem selbst die Gewinner mehr verlieren, als sie je gewinnen können. Wenn nur einer von ihnen in einer solchen Situation seine psychische Unversehrtheit wiederherstellt, dann läßt sich für alle »Spieler« ein Weg aus diesem Dilemma finden, und das Familienleben kann zu dem werden, was es sein sollte: Ein Zusammenleben, bei dem jedes Mitglied seine Erfüllung findet und das ihm hilft, seine persönlichen Ziele zu erreichen.

Insbesondere *Hausfrauen* sind auf psychischen Selbstschutz angewiesen. Anfänglich werden sie vielleicht nicht einsehen warum, denn die Beziehung zu Mann, Kindern, Verwandten, den Lehrern ihrer Kinder könnte nicht besser sein. Höchstwahrscheinlich haben sie sich nie zuvor mit esoterischen Dingen beschäftigt, und der Gedanke, jemand könnte ihre psychische Unversehrtheit verletzen, kommt ihnen abwegig vor. Was für ein Motiv sollte jemand haben? Ein ganz offensichtliches. Abgesehen von größeren Anschaffungen tätigt die Hausfrau meist alle Einkäufe für die Familie. Obwohl einzigartig als Mensch, ist sie doch nur eine unter vielen für die Anbieter von Lebensmitteln, Kleidung, Putzmitteln und Haushaltsartikeln. Sie sitzt wie die Maus in der Falle – nicht als Opfer persönlicher Böswilligkeit, sondern des Fair play, wenn sie sich fangen läßt.

Verhält sie sich nun wie eine Maus oder wie ein intelligenter Mensch? Nur sie weiß die Antwort.

Wenn sie regelmäßig mit Sachen aus dem Supermarkt heimkommt, die sie eigentlich nicht kaufen wollte, so ist das ein Alarmsignal. (Wenn sie oder ihre Familie diese Dinge überhaupt nicht gebrauchen können, dann ist das ein noch größeres Alarmsignal.)

Wenn sie in ständiger Angst vor Vertretern und Verkäufern lebt, nicht nur, weil diese verkleidete Eindringlinge sein könnten, sondern weil sie genau weiß, daß man sie dazu drängen würde, etwas zu kaufen, was sie nicht haben will, oder sie zulassen würde, daß man ihre kostbare Zeit stiehlt, dann ist das ein weiteres Alarmsignal.

Wenn all dies nicht zutrifft, sie aber nie so recht weiß, wo ihr Haushaltsgeld geblieben ist, ist ebenfalls Gefahr im Verzug.

Die meisten Fallen, die beim Einkauf von Lebensmitteln zuschlagen, schlagen in einer anderen Aufmachung auch zu, wenn sie mit ihrem Mann ein Haus oder Auto kaufen geht oder eine Ferienunterkunft mietet.

Solche Fallen sind schlichtweg psychisch bedingt (oder psychologischer Art, wenn man so will), das heißt, sie bewirken instinkthafte und emotionale Reaktionen, derer man sich nur zum Teil oder überhaupt nicht bewußt ist, und wenn sie einem bewußt werden, weiß man nicht, wie man reagieren soll. Auch das ist ein Punkt, auf den wir in diesem Buch näher eingehen werden.

Nun ist es aber so, daß unsere materielle Welt, die in vielfacher Hinsicht unser Bedürfnis nach psychischem Selbstschutz verstärkt hat, auch einiges getan hat, um uns die natürlichen und uns eigenen Verteidigungsmittel zu nehmen.

Das Ausmaß unserer psychischen Belastung ist schier unglaublich. Natürlich interessiert es uns, was im Nahen Osten, im Fernen Osten, in Argentinien, Ceylon und Rußland vor sich geht. Vielleicht interessieren wir uns auch für die Aktienkurse an ausländischen Börsen. Noch vor nicht allzu langer Zeit (in der Entwicklungsgeschichte des Menschen) war es schlichtweg unmöglich, etwas darüber zu erfahren, selbst wenn es diese Dinge gegeben hätte; heute können wir die Neuigkeiten nicht nur *hören*, sondern auch *sehen*, zu Hause vor dem Fernseher, und das oft innerhalb einer Stunde oder zwei nach dem Ereignis (ob Wahlen, Brände, Naturkatastrophen, Strafprozesse, Revolutionen usw.). Natürlich trägt all dies dazu bei, daß wir Weltenbürger werden und die Zusammenhänge besser verstehen. Und das ist keineswegs bedauerlich. Andererseits werden wir dadurch im Laufe unseres Lebens mit so vielen verschiedenen Meldungen konfrontiert, daß damit auch unsere Ängste und unsere emotionale Anteilnahme zunehmen, und da die Ereignisse nicht wirklich in unserem Wohnzimmer stattfinden und wir somit nicht das geringste ausrichten können, erhöht sich zwangsläufig unser täglicher Streß-, Spannungs- und Frustrationspegel. Aus diesem Grund beschränken sich viele bewußt lebende und empfindsame Menschen ganz bewußt auf eine Nachrichtensendung am Tag.

Dann gibt es noch die Leute, die dich in ihre Kirche, ihren Club oder Verein einladen. Wenn du wirklich hingehen willst, ist das in Ordnung. Aber vielleicht hast du gar keine Lust, möchtest aber nicht absagen, denn es sind furchtbar nette Leute, nur sind sie leider sehr aufdringlich. Lehnst du die Einladung ab, fühlst dich schuldig und beschämt und gehst ihnen fortan aus dem Weg, oder gehst du hin und fühlst dich schuldig und beschämt, weil du nicht dahinterstehst? Beide Male hast du das Gefühl, ein Stück von dir aufgegeben zu haben, die Kontrolle über dein Leben ein bißchen verloren zu haben.

Hast du manchmal das Gefühl, daß wenn dein Abwehrsystem intakt wäre, andere dich nicht dazu bringen könnten, Dinge zu tun, die du gar nicht willst?

Psychischer Selbstschutz ist jedem zugänglich; wie er letztendlich wirkt, ist abhängig von der Persönlichkeit und den Umständen. Jeder kennt den forsch auftretenden Menschentyp, der nie herumgeschubst wird. Von einem anderen Menschenschlag, meist ruhigen und zurückhaltenden Zeitgenossen, hast du vielleicht gehört oder bist ihnen sogar schon begegnet. Das sind die, die zum Beispiel Ratten oder Mäusen befehlen können, aus ihrer Wohnung zu verschwinden. Und du triffst Leute, die immer entspannt sind und sich in jeder Situation unkompliziert und natürlich verhalten. Das Auffällige an diesen Menschen ist ihre vollkommene Natürlichkeit. Menschen mit einem geschwächten Abwehrsystem sind dagegen unbeholfen, unsicher, was sie tun sollen, und es mangelt ihnen an Selbstbewußtsein.

In diesem Buch werden die Grundprinzipien und wichtigsten Methoden des psychischen Selbstschutzes erklärt, so daß du in der Lage bist, sie deinen Bedürfnissen entsprechend anzuwenden. Von den genannten Beispielen kommen dir einige vielleicht bekannt vor. Vielleicht möchtest du ja auch deine gesamten geistigen Fähigkeiten weiterentwickeln und kommst zu dem Schluß, daß psychischer Selbstschutz ein wichtiger Bestandteil davon ist. Vielleicht hast du auch einfach das Gefühl, daß du verletzlicher bist als nötig, daß du ständig ausgenutzt wirst, daß dir Eile und Lärm auf die Nerven gehen, daß dir ein »dickes Fell« fehlt oder daß du schlichtweg unglücklich bist.

In allen diesen Fällen wird dir das Buch eine echte Hilfe

sein. Die Methoden des psychischen Selbstschutzes sind nicht nur einzeln wertvoll, darüber hinaus bauen sich durch die fortwährende Stärkung der Psyche auch echte Selbsterkenntnis, Vertrauen und Charakter auf. Das ist der eigentliche Selbstschutz.

Merke

- Psychischer Selbstschutz geht jeden an und somit auch dich. Geh dieses Kapitel noch einmal Punkt für Punkt durch und überlege, zu welcher Kategorie du gehörst.

- Trifft irgendeine Beschreibung auf dich zu? Wenn ja, solltest du auch den Rest nicht übergehen. Psychischer Selbstschutz ist ein wesentlicher Teil der menschlichen Natur und somit eines jeden von uns.

Kapitel 2

Das Wichtigste auf einen Blick

1. Psychischer Selbstschutz funktioniert nur mit einer gestärkten Aura.
2. Die Aura gliedert sich in zwei große Bereiche:
   - Das Alpha-Kraftfeld oder die »elektrische« Aura, die vom physischen Körper abstrahlt.
   - Das Beta-Kraftfeld oder die »emotionale« Aura, eine Strahlungsenergie der Persönlichkeit in ihrer Ganzheit, die vom Astralkörper ausgeht.
3. Beim psychischen Selbstschutz haben wir es mit dem Beta-Kraftfeld zu tun, denn wenn Energie von hochgeistiger Schwingung die Psyche durchdringt, wird die Aura ... zu einem Schutzschild, der alle von außen einwirkenden astralen Kräfte mit einer niederen Schwingung erfolgreich abwehrt.
   - Eine derart gestärkte emotionale Aura wirkt weit über den physischen Körper hinaus.
   - Mit der richtigen Einstellung und entsprechender Übung verhindert diese Aura ein Eindringen nichtkörperlicher Wesenheiten, es sei denn, du läßt sie bewußt zu. Diese Barriere besteht sowohl im Wachzustand als auch im Schlaf.
   - Eine starke Aura schützt auch vor krankmachender Atmosphäre.
   - Eine gefestigte emotionale Aura wird auch mit allerlei irdischer Belästigung fertig, zum Beispiel mit Vertretern, Hausierern, Bettlern, Meinungsforschern und sonstigen Leuten, die dir die Zeit stehlen.
   - Selbst materielle Dinge können einer kraftvollen Aura nichts anhaben; sie schützt dich vor körperli-

chem Schaden bei Gewaltakten, Unfällen, Naturkatastrophen und ansteckenden Krankheiten.

4. Eine starke Aura führt zu mehr Wohlbefinden, Vertrauen, Mut etc. Sie stärkt dein Ansehen in der Öffentlichkeit und bringt dich der Selbstverwirklichung ein Stück näher.
5. Die Schutzschicht der emotionalen Aura kann von innen heraus durchbohrt werden, und zwar durch drei Arten von Angst, die da sind:
   - Rationale Angst, die sich auf vernunftbedingte Erkenntnisse stützt und der man mit Vernunft begegnen kann.
   - Gewohnheitsmäßige (irrationale) Angst, die meist in keinem Verhältnis zu den eigentlichen Auslösern steht und die auf einem tatsächlichen Ereignis in der Vergangenheit (zum Beispiel einem Unfall in der Kindheit) oder einer lebhaften Phantasie (angeregt durch eine furchterregende Geschichte) beruht. Zur Überwindung dieser Angst genügt es meist, das angstbesetzte Objekt oder Ereignis einer objektiven Betrachtung zu unterziehen, sich die tatsächlichen Umstände in Erinnerung zu rufen oder die Spannung abzubauen und sich abzulenken.
   - Plötzliche Angst, die durch unterschwellige Einflüsse verursacht wurde, das heißt, es kann durchaus die richtige Reaktion auf unbewußte Wahrnehmungen sein. Diese Art von Angst tritt häufig im Traum auf.

   Sensibilität gegenüber allen Seinsebenen führt oft zu einer Auflösung dieser Ängste. Und was das Höhere Selbst angeht, verhilft es zu einer inneren Stärke und einem Gespür für die wahren Werte, die dann wiederum deine Entscheidungen klarer werden lassen.
6. Bewußter Kontakt mit deinem Höheren Selbst bedeutet
   - Kontakt mit dem göttlichen Geist, von dem das Höhere Selbst ein »Funke« ist;

- Kontakt mit dem Idealzustand, der für dich vorbestimmt ist;
- Kontakt mit Gottes unermeßlichem Segen.

Kraftfeld und Kraftquelle

Voraussetzung für psychischen Selbstschutz ist eine starke, unverwundbare Aura. Deshalb müssen wir erst einmal klarstellen, was die Aura überhaupt ist, und uns dann überlegen, wie wir sie stärken können.

Es hat in der Vergangenheit einige Verwirrung in bezug auf die Frage gegeben, ob es sich bei der Aura um eine feinstoffliche Strahlungshülle oder um einen dichten Astralkörper handelt – und selbst heute sind sich die verschiedenen Autoren nicht ganz einig. Beides ist möglich, denn die Aura gliedert sich in zwei Bereiche. Wir verweisen dazu auf ein Zitat aus *The Magical Philosophy*, Band IV:

»Mit dem Astralkörper verbunden ist die Aura eine Energieausstrahlung der Gesamtpersönlichkeit, die vom Astralkörper ausgeht; technisch würde man sie als das Beta-Kraftfeld bezeichnen und ihr physisches Gegenstück als die elektrische Aura oder das Alpha-Kraftfeld, das vom physischen Körper ausstrahlt. Viele Phänomene, denen eine mediale Herkunft nachgesagt wird, sind tatsächlich das Produkt der elektrischen Aura ... In dieser Reihe wird der Begriff ›Aura‹ für das Beta-Kraftfeld verwendet ... Wird die Psyche von hochgeistiger Schwingungsenergie durchdrungen, verwandelt sich die Aura (oder *Argyraigis*, wie die esoterische Bezeichnung dort lautet) in ein Schutzschild, der alle yetziratischen (astralen) Kräfte einer niederen Schwingung erfolgreich abhält.«

Uns interessiert jedoch das Beta-Kraftfeld, die emotionale Aura. Eigentlich sind die beiden Kraftfelder nicht getrennt, genauso wenig wie der Astralkörper und der physische Körper voneinander getrennt sind, aber sie unterscheiden sich in Beschaffenheit und Zweck. Einige Erscheinungen, zumindest die der psychischen Aura, liegen so nah im Bereich des physischen Körpers, daß die Tatsache, daß man sie sehen kann, allein keine Garantie für andere Formen des Hellsehens ist. Sollte es irgendwelche Zweifel in bezug auf die wahrgenommene Aura geben, so läßt sich folgendes sagen: Die emotionale Aura ist in der Regel daran zu erkennen, daß sie heller ist, daß ihre Farben stärker leuchten und daß sie sich je nach Gemüts- und Geisteszustand schneller verändert. Außerdem gibt sie den Gesundheitszustand der jeweiligen Person nur ungenau wieder. Es läßt sich aber nicht leugnen, daß es auch emotionale Auren mit trüben Farben gibt, denen jegliche Bewegung oder Leuchtkraft fehlt. In solchen Fällen spiegeln diese Eigenschaften aber nur den Gesamtcharakter des Betroffenen wider und sollten daher den Auralesenden nicht beunruhigen.

Kinder sehen relativ oft die emotionale Aura der Menschen um sie herum und malen sie ganz selbstverständlich in leuchtendem Gelb, Blau, Rot oder Grün.

In Auradarstellungen von Erwachsenen haben sich zwei Umstände auf die Darstellungsweisen der Aura ausgewirkt. Umstand Nummer eins: Je höher die Spiritualität eines Menschen entwickelt ist, desto leuchtender ist seine Aura, und folglich können auch mehr Hellseher diese Aura sehen; im Extremfall wird das Leuchten sogar in der physischen Aura wahrgenommen. Umstand Nummer zwei: Die Leuchtkraft ist um den Kopf herum immer am stärksten und somit auch besser sichtbar. Das hat dazu geführt, daß die Darstellung der Aura – um den ganzen Körper – in der östlichen und westlichen Kunst auf göttliche und heilige Personen beschränkt war.

Der Nimbus oder Heiligenschein um das Haupt ist selbst heute noch in der einen oder anderen Form ein vertrautes Element der religiösen Kunst. Dagegen ist die Glorie, die die ganze Gestalt umgibt, im Westen seltener geworden. Chinesische Skulpturen aus dem 6. Jahrhundert, vermutlich unter dem Einfluß der Nestorianer und Manichäer entstanden, zeigen Buddha und andere hohe Wesen mit einem kreisrunden oder blattförmigen Heiligenschein oder mit einer meist blattförmigen Glorie, die die ganze Gestalt umgibt. Im Mittelalter hielt die Glorie via Byzanz Einzug in die italienische Kunst, wo sie als Mandorla bekannt wurde. (Nicht zu verwechseln mit »Mandala«; die Mandorla verdankt ihren Namen der Tatsache, daß sie wie eine Mandel geformt ist, wobei das breitere Ende – der Bereich mit der größten Leuchtkraft – das Haupt umgibt.) Mit der Rückbesinnung auf das Materielle während der Renaissance kam die »Mandelglorie« in der westlichen Kunst jedoch aus der Mode, und der Heiligenschein setzte sich durch.

Im richtigen Leben jedoch geht die Macht einer spirituell entwickelten emotionalen Aura oft weiter als die körperliche Anwesenheit eines Menschen. Das ist keine Frage der Spekulation oder des Hörensagens über irgendwelche Heilige, sondern eine Frage der persönlichen Erfahrung mit Menschen, die ihr Seelenleben ernst nehmen.

In dem zuvor zitierten Werk *The Magical Philosophy* wird die Geschichte der jungen Laura erzählt, die den Astralleib vom physischen Körper loslöste und in diesem Zustand einen Freund bei sich zuhause aufsuchte, um zu sehen, was ihm fehlte, und ihn wieder gesund zu machen. Dort angekommen, mußte sie feststellen, daß sie sich ihm erst nähern konnte, nachdem sie sich dies ganz fest vorgenommen hatte. Diese Geschichte soll in erster Linie Lauras Erfahrung aufzeigen, aber sie ist nicht minder interessant, wenn wir sie aus der Sicht des Mannes betrachten.

John E. war ein Eingeweihter von beachtlichem Format, dessen Schwierigkeiten hauptsächlich von schwerwiegenden äußeren Einflüssen auf sein Leben herrührten. Nachdem er sich dem Weg der Selbstfindung und

Selbstverwirklichung verschrieben hatte, wurde er zum Militärdienst eingezogen. Sein erster Gedanke war, aus Gewissensgründen zu verweigern, was in seinem Fall auch anerkannt worden wäre. Doch wie es der Zufall wollte, traf er im Vorraum, wo er auf seine Anhörung wartete, noch andere junge Männer, die ebenfalls verweigern wollten, allerdings aus rein selbstsüchtigen und niederen Beweggründen, und mit denen konnte und wollte er sich nicht identifizieren.

Ihr Gerede erzürnte ihn so sehr, daß er, als sein Name aufgerufen wurde, der Untersuchungskommission mitteilte, er hätte seine Meinung geändert. Er würde jetzt doch zum Militär gehen, wenn er keinen Dienst an der Waffe ableisten müsse. Und so wurde er Ausbilder in Sachen Sport.

Dieser Gewissenskonflikt wird nur deshalb erwähnt, weil die daraus erwachsenen inneren Spannungen ein tragisches Nachspiel hatten. Nach einjähriger Militärzeit, die er, soweit er sich dessen bewußt war, als interessant und durchaus lohnenswert empfand, wollte er eines Tages vorführen, wie man mit einem schweren Gewehr bergauf rennt. Dabei rutschte er aus und zog sich innere Verletzungen zu, unter anderem platzte ihm eine Hauptschlagader.

Während die meisten Verletzungen erfolgreich behandelt werden konnten, bereitete ihm die verletzte Hauptschlagader weiterhin Beschwerden. Als er schließlich wegen Dienstuntauglichkeit aus der Armee entlassen wurde, sah es so aus, als müßte er zeitlebens ein Medikament zur Entspannung der Herzmuskeln einnehmen, dessen Nebenwirkungen seine vormals ausgezeichnete körperliche Verfassung vermutlich stark beeinträchtigen würden.

Als er dann in seinem Zivilberuf arbeitete und Laura kennenlernte, erzählte er nichts von seinen persönlichen Schwierigkeiten, außer daß er ein gesundheitliches Problem hätte, das ab und zu seine Arbeitskraft beeinträchtigte. Ebensowenig erzählte er ihr, daß er sofort erkannt hatte, daß ihr größtes Potential in ihrem Innern lag, was sie zum damaligen Zeitpunkt noch nicht wußte. Er nutzte jedoch jedes Gespräch mit ihr, um ihr esoterische und mystische Dinge näherzubringen und das Verständnis dafür zu vertiefen. Er verliebte sich nicht in sie, und sie verliebte sich nicht in ihn, dafür aber um so mehr in seine Ideale, die auch ihre waren, wie er ihr klarmachte. Und dafür war sie ihm sehr dankbar.

Soviel als Hintergrundinformation zu der Episode, in der Laura, die bereits als Kind hin und wieder Astralreisen unternommen hatte, sich eines nachts mit ihrem Astralleib aufmachte, um herauszufinden, was den Freund quälte und wie sie ihm am besten helfen könnte. Wäre er ein Mensch mit einer durchschnittlich entwikkelten medialen Fähigkeiten gewesen, hätte sie gewiß ohne Mühe zu ihm vordringen können, doch wie die Dinge lagen, stieß sie bereits am äußeren Rand seiner Aura auf Widerstand.

Dabei erwachte er und bemerkte den astralen Vorstoß in seine Aura. Als er dann Laura erkannte und sich ihrer Absicht bewußt wurde, hieß er sie willkommen und machte ihr damit den Weg frei. Dennoch erklärte sie später, »ihr war, als würde sie durch ein feinmaschiges Sieb gehen«. Sie fühlte sich »gesiebt«, geläutert und gereinigt, während sie seine Aura durchbrach, so gewaltig war es.

Mit der richtigen Einstellung und bei entsprechender Übung kann auch deine Aura verhindern, daß nichtkörperliche Wesenheiten ohne deine Erlaubnis zu dir vordringen. Weder im Schlaf noch im Wachzustand wird es einem Astralvampir, einem Inkubus oder Sukkubus oder einem anderen nichtkörperlichen Eindringling gelingen, den Schutzschild einer starken emotionalen Aura zu durchbrechen. In gleicher Weise schirmt er dich auch gegen zerstörerische, nervtötende Atmosphären ab.

Doch das ist längst nicht alles, was eine gestärkte und

unversehrte Aura zu leisten vermag. Immer wieder ist zu beobachten, daß aurastarke Menschen nicht mehr von Straßenhändlern, Bettlern und dergleichen behelligt werden, obwohl dies früher ständig der Fall war. Das liegt daran, daß diese Leute im allgemeinen sehr scharfsichtig sind – notgedrungen – und keine Lust haben, ihre Zeit mit jemandem zu vergeuden, bei dem sie ohnehin nicht das Gefühl haben zu gewinnen. Deine Mildtätigkeit wird ein Ende haben!

Noch einmal: *Kommt es oft vor, daß andere dich von deiner Meinung oder Absicht abbringen wollen? Brauchst du nur einen Wunsch oder eine Ansicht zu äußern, und prompt versuchen Verwandte oder Arbeitskollegen, dich umzustimmen? Wenn deine Aura entsprechend gewappnet ist, werden die meisten Bekehrungsversuche aufhören und die restlichen werden dich nicht stören. Aggressivität in jeder Form wird von deiner schützenden Aura einfach abprallen; sie läßt dich unberührt.*

Dafür einen passenden bildhaften Vergleich zu finden, ist nicht leicht. Erinnert sei an den Apostel Paulus, wenn er sagt: »Ziehet an die Waffenrüstung Gottes . . .« Das Tragen von Rüstungen, zugegebenermaßen etwas Künstliches, ist aus der Geschichte hinreichend bekannt. Dagegen ist der leuchtende Schutzschild deiner Aura ein natürlicher Bestandteil deines Lebens. Er ist genauso wenig »aufgesetzt«, wie es die strahlenden Augen und die frische Gesichtsfarbe eines Menschen sind, der sich blühender Gesundheit erfreut. Ebenso wie diese körperlichen Qualitäten wächst diese Rüstung von innen heraus; dies zu wissen, macht frischen Mut, und je größer der Mut, desto stärker wird auch die Aura.

Es gibt einen Satz im Brief des Paulus an die Epheser, den wir für sehr aufschlußreich halten:

»Vor allen Dingen aber ergreifet den Schild des Glaubens, mit welchem ihr auslöschen könnt alle feurigen Pfeile des Bösen.« (Epheser Kapitel 6, Vers 16)

Mit anderen Worten, zweifle nicht daran, daß es funktioniert. Frage dich nicht, ob es bei dir funktioniert. Frage nicht, warum oder mit welchem Recht du diese Kraft hast. Sie zu entwickeln ist genauso natürlich wie zu gehen oder zu atmen. Du erwirbst dir das Recht, indem du diese Kraft gebrauchst. Sie kann dir sehr nützlich sein, wenn du sie richtig einsetzt; das reine Wissen darüber bewirkt noch gar nichts.

Sei dir deiner Aura bewußt! Andere sind sich ihrer auch bewußt: Sie spüren, ob sie stark oder schwach, wach oder träge, leuchtend oder trüb ist. Je mehr Vertrauen du in deine Aura hast, desto stärker wird sie. Je stärker deine Aura wird, desto stärker wirst du selbst.

Die Aura kann eine solche Stärke entwickeln, daß sogar irdische Dinge daran abprallen. Aus der Geschichte sind zum Beispiel zahlreiche Fälle bekannt, in denen einzelne Soldaten im Krieg eine Salve von Wurfgeschossen – Pfeile, Speere oder Kugeln – unbeschadet überstanden und weitergekämpft haben. Auch von einigen berühmten indianischen Kriegern wird dies berichtet. Überall auf der Welt haben Menschen auf unerklärliche Weise Massaker, Erdbeben und Katastrophen aller Art überlebt. Später ist es meist nicht mehr möglich, die genauen Umstände der Rettung zu klären, doch die Aussagen der Beteiligten dürfen nicht einfach außer acht gelassen werden.

Menschen, die zum Beispiel unter einstürzenden Gebäuden begraben wurden, sprachen nach ihrer Rettung oft davon, daß sie sicher waren, am Leben zu bleiben, wenn sie nur nicht den Mut sinken ließen. Diese Gewißheit hatten auch viele andere, zum Beispiel in einem ins Schleudern geratenen Auto, das sie wieder in ihre Gewalt bekamen, beim Sprung über eine Gletscherspalte oder in irgendeiner anderen mißlichen Situation, die nie Schlagzeilen machte, weil sie eben gut ausging. »Ich wußte, daß ich es schaffen würde«, sagen diese Leute, »ich hatte einfach Glück.« Natürlich erklärt das nicht alles; die vielen mutigen Menschen, die getötet werden, oder die zahllosen »Vorahnungen«, die nichts genützt haben und für die es meist keine Erklärung gibt.

Diese Zuversicht aber in unseren spontanen Entscheidungen erweist sich im Leben immer wieder als berechtigt. Allerdings schützt sie nicht dauerhaft vor dem Tod. (Kein vernünftiger Mensch wird dies verlangen, und nach einem erfüllten Leben ist dieser Wunsch ohnehin nicht mehr von Bedeutung. Dafür erlebst du aber auch jeden Augenblick deines Lebens bewußt. Du kannst dein Potential entfalten! Deine starke Aura hält vieles von dir fern, das dir schaden könnte. Der Schaden, der auf diese Weise verhindert wird, ist selten zu ermessen.

Ein beispielhafter Fall trug sich im 17. Jahrhundert in England zu. Er war so bemerkenswert, daß er nicht nur regionale Berühmtheit erlangte, sondern auch geschichtlich belegt ist.

Congleton in der Grafschaft Cheshire nahe der Grenze zu Wales war ein so entlegenes Dorf, daß ihm die Pest, die zu der Zeit in London Tausende von Menschen dahinraffte, scheinbar nichts anhaben konnte. Die Grundbesitzer, Bauern und Händler von Congleton hatten zwar von der Epidemie gehört, aber in jenen Tagen wußte man kaum etwas über Infektionen und schien deshalb auch nichts Böses zu ahnen, als ein Paket mit Kleidern von Verwandten aus London eintraf. Auf diese Weise gelangte die Pest in das Dorf, wo sie vielen den Tod brachte und fast alle in panische Angst versetzte. Wer fliehen konnte, floh. Das ließ die Bevölkerung erheblich schrumpfen, denn seiner Zeit arbeiteten viele Dorfbewohner zu Hause, wo sie Lederbänder mit Metallspitzen, sogenannte Schnürbänder anfertigten, die zur Befestigung von Kleidungsstücken dienten. Diejenigen, die bleiben mußten oder Haus und Hof nicht zurücklassen wollten, versuchten sich dadurch zu schützen, daß sie den Kontakt zu den Nachbarn auf ein Minimum beschränkten. Diese Vorsichtsmaßnahme bewahrte die Ängstlichen jedoch nicht vor der tödlichen Seuche und machte die Sache nur noch schlimmer für die, die von der Krankheit heimgesucht wurden.

Leider passierte das praktisch überall, wo die Seuche ausbrach. Congleton war nur ein Ort unter vielen, und er hatte weder die Struktur noch die Mittel einer großen Stadt.

Es lebte dort aber eine junge Frau, die nicht von der allgemeinen Panik ergriffen wurde. Sie ging von Haus zu Haus und pflegte die Kranken, ohne daß die Pest ihr etwas anhaben konnte. Sie tröstete die verängstigten Menschen und ermunterte die Barmherzigen, sich dem Unglück zu widersetzen.

In einem Haus hatte die Pest Vater, Mutter und alle Kinder bis auf eins dahingerafft. Bess – so hieß die Heldin – befreite das Mädchen und nahm es zu sich. Die Kleine überlebte wie sie selbst völlig unversehrt. An Bess von Congleton erinnert man sich noch heute gern, nicht nur, weil sie mutig und aufopfernd war, sondern weil sie bewiesen hat, wie sehr Mut all diejenigen beschützt, die entschlossen ihren Weg gehen.

Was können wir daraus lernen? Daß es wichtig ist, unsere schützende Aura nicht von innen heraus zu schädigen, indem wir zum Beispiel »Schreckgespenster« in unserer Phantasie erzeugen. Mehr zu diesem Thema in Kapitel 5; hier soll nur aufgezeigt werden, wie zu Lebzeiten von Bess und noch früher, als andere gefährliche Infektionskrankheiten wie zum Beispiel das Fleckfieber gottgegeben hingenommen wurden, der bloße Name der Pest die allgemeine Vorstellungskraft derart beeinflußte, daß die Urteilskraft der Menschen lahmgelegt, ihre normalen Gefühle verdrängt und ihr Widerstand geschwächt wurde. Eine solche Macht besaßen auch die Pocken, die in den darauffolgenden Jahrhunderten das Volk geißelten. Ähnliches Entsetzen löst heutzutage immer noch der Krebs aus, doch dank einer gesünderen Einstellung zum Leben und mehr Hoffnung auf Besserung verliert auch dieses Schreckgespenst für die Kranken und ihre Angehörigen allmählich an Schrecken.

Was also ist zu tun in einer Situation, in der wir schlicht und ergreifend Angst haben? *Es hat keinen Zweck, so zu tun, als hätten wir keine Angst.* Angst ist ein natürlicher Instinkt, ebenso wie Zorn, Hunger, Durst, Sex und Schlaf. Wie die anderen Triebe und wie die Fähigkeit zur Schmerzempfindung hat Angst in erster Linie eine lebenserhaltende und schützende Funktion. Problematisch wird es erst, wenn diese Triebe außer Kontrolle geraten.

Zuerst gilt es, die Angst zu erkennen. (Es ist nicht nötig, anderen davon zu erzählen.) Wenn du nicht schon vorher darüber nachgedacht hast, mußt du als nächstes entscheiden, wie du damit umgehst.

Es wird im allgemeinen zwischen drei Arten von Angst unterschieden:

1. Rationale berechtigte Angst

Du weißt genau, daß du dich in einer Gefahrensituation befindest und mußt überlegen, welche Sicherheitsmaßnahmen zu treffen sind, eventuell für eine Flucht (zum Beispiel vor einer in Panik geratenen Rinderherde), oder für das geringere von zwei Übeln (zum Beispiel ein sinkendes Schiff bei Unwetter verlassen oder von einem brennenden Gebäude springen) oder für ein kalkulierbares Risiko (zum Beispiel einem anderen Menschen das Leben retten oder in Notzeiten seiner Bürgerpflicht nachkommen). Vorausdenken, seine Fähigkeiten kennen, wissen, wo eventuell benötigte Ausrüstung zu finden und wie sie zu handhaben ist, all das zeugt nicht von Ängstlichkeit, sondern von einer praktischen Veranlagung.

Und es gibt neuen Mut, weil das Gefühl der eigenen Hilflosigkeit vergeht.

2. Gewohnheitsmäßige Angst (irrational)
Fast jeder kennt diese Form der Angst, die man irrational nennen kann, weil sie meist in keinem Verhältnis zu den vorliegenden Umständen steht. Wenn wir wissen, daß es eine Gewohnheit ist, können wir sie gerade deshalb oft ignorieren. (Nicht immer allerdings. Ein Bergsteiger, der nicht schwindelfrei ist, riskiert Kopf und Kragen; und ein junger Zoowärter, der im Grunde Angst vor Tieren hatte, wurde denn auch gleich von mehreren angefallen. Nachdem ihn ein Koala angegriffen hatte, legte man ihm nahe, doch seinen Beruf zu wechseln.) Es lohnt sich daher immer, der irrationalen Angst auf den Grund zu gehen.

Wer zum Beispiel häufig fliegt und dabei regelmäßig Angst hat, das Flugzeug könnte abstürzen, dem hilft vielleicht schon eine Wahrscheinlichkeitsrechnung. Außerdem sollte sich die betreffende Person einmal die Mühe machen, jedes Flugzeugunglück zu benennen, das in seiner Vorstellungskraft, insbesondere in seiner visuellen Vorstellungskraft, fest verankert ist. Wenn dir dazu nichts einfällt, denk abends im Bett noch einmal darüber nach und warte ab, was deine Träume dir sagen. Darüber hinaus solltest du zu folgender Einstellung kommen:

»Ich weiß, daß Flugzeuge gelegentlich abstürzen, aber es gibt keinen triftigen Grund dafür, daß gerade auf diesem Flug etwas passieren soll. Auf allen bisherigen Flügen habe ich mir große Sorgen gemacht und bin doch stets heil gelandet. Falls irgend etwas schiefgehen sollte, dann weiß ich, was zu tun ist. Das wird mir helfen. Es schadet mir nur, wenn ich mich weiter beunruhige. Ich entspanne mich jetzt besser und denke nicht mehr daran.«

Es hat keinen Zweck, jemand anderem – oder auch sich selbst – zu sagen: »Hör auf, dir Sorgen zu machen!« Es ist ja gerade das Irrationale, das einen beunruhigt.

Genausogut könnte man einem Baby sagen, daß es aufhören soll zu weinen, oder einer Katze, daß sie nicht länger den Vögeln nachspionieren soll. Um diesen Dingen ein Ende zu bereiten, muß man sich ablenken. Im vorliegenden Fall sollte man sich auf eine gleichmäßige und tiefe Atmung konzentrieren und nach und nach den gesamten Körper entspannen.

Außer Entspannung gibt es noch andere Methoden, auf die wir später zu sprechen kommen. *Entspannung ist jedoch eine unabdingbare Voraussetzung. Sie hilft, eine schützende Aura aufzubauen, die durch Kummer und Sorgen stark in Mitleidenschaft gezogen wird.*

Auf der Suche nach den Ursachen einer gewohnheitsmäßigen Angst werden viele Wege beschritten. Einer jungen Frau, die mit ihrer Mutter zusammenlebte, fiel auf, daß ihre Mutter ein merkwürdiges Verhaltensmuster entwikkelte. Jedesmal, wenn sie zusammen rausgingen und das Ende des Häuserblocks erreicht hatten, bestand ihre Mutter darauf, zur Wohnung zurückzugehen, um sich zu vergewissern, daß der Herd ausgestellt, die Lichter gelöscht und die Fenster und Türen geschlossen waren. Die Nachbarn, von der Tochter auf die Marotte ihrer Mutter angesprochen, waren diesbezüglich keine große Hilfe. Ihr einziger Kommentar dazu lautete: »Dagegen kann man nichts tun, das liegt am Alter.«

Die Tochter sah jedoch keinen altersbedingten Zusammenhang, denn ihre Mutter war in vielen anderen Dingen eine sehr besonnene und praktische Frau. Nachdem sie eine Weile darüber nachgedacht und ihre Mutter weiter beobachtet hatte, stieß sie auf den wahren Grund ihrer übertriebenen Sorge. Ihre Mutter hatte, seit sie verheiratet war, also fast 30 Jahre, in dieser Wohnung – und auch in einigen anderen ähnlich geschnittenen – gelebt und schon lange keine richtige Lust mehr am häuslichen Leben gezeigt. Ihr Problem war schlichtweg die Langeweile.

Die Tochter beobachtete, wie ihre Mutter vor dem Weggehen einem Roboter oder Schlafwandler gleich durch die Wohnung schritt, um Lichtschalter und Schlösser zu kontrollieren. Kein Wunder also, daß sich die gute Frau nach ein paar Minuten an der frischen Luft und abgelenkt durch den Straßenverkehr nicht mehr daran erinnern konnte, daß sie ihren Kontrollgang bereits gemacht hatte. Die beiden besprachen die Angelegenheit und schafften es, ein bißchen mehr Leben und Abwechslung in die tägliche Routine zu bringen. Trotzdem mußte sich die Mutter in den ersten Tagen zwingen, nicht zur Wohnung zurückzugehen und alles noch einmal zu kontrollieren. Nach etwa einer Woche hatte sie es – nicht zuletzt auch mit Hilfe ihrer Tochter – geschafft und sich ihre Marotte abgewöhnt.

Wenn du weißt, daß eine Angst unbegründet ist, dann spiel nicht mit ihr herum, und gib ihr auch nicht nach. Denk einfach an etwas anderes. Atme gleichmäßig weiter, und versuche, dich zu entspannen.

3. Plötzliche Angst (irrational)
Wir bezeichnen diese Angst als irrational, weil wir keinen vernünftigen Grund dafür sehen, gleichwohl die Angst durchaus berechtigt wäre, wenn wir die unterschwellige Einflußnahme auf unseren Geist wahrnehmen könnten.

So verhielt es sich auch bei dem Hauseigentümer in Kapitel 1. Seine Träume von dem einstürzenden Haus, wofür es keinen konkreten Anhaltspunkt gab, könnten als Ausdruck einer irrationalen Angst gedeutet werden.

In diesen Zusammenhang paßt auch die Geschichte von Claude G. Sawyer, der im Jahre 1909 eine Schiffsreise mit der *Waratah* von Sydney nach Kapstadt unternahm. Schon vor der Reise hatten andere begründete Zweifel an der Seetüchtigkeit des Schiffs. Neben ihrem Gespür besaßen sie das nötige Wissen, um ihren Gedanken Ausdruck verleihen zu können, entweder in der präzisen Fachsprache eines Physikprofessors: »... der Schwerpunkt des Schiffes liegt zu hoch ...« oder in der schlichten Seemannssprache: »Es ist topplastig.«

Diesen letzten Satz hörte auch Sawyer öfter während der Überfahrt. Er selbst hatte bemerkt, daß das Schiff merkwürdig schlingerte, doch die Bedeutung dessen kam ihm nicht gleich zu Bewußtsein, oder aber er wollte es lieber nicht wahrhaben; denn er hatte in drei aufeinanderfolgenden Nächten einen schrecklichen Traum, der in sein Bewußtsein zu dringen suchte.

In diesem Traum erblickte er einen Mann in blutverschmierter Rüstung, der bedrohlich ein scharfes Schwert zückte und ihn bei seinem Namen rief. Sawyer muß diese furchterregende Gestalt wie der leibhaftige Tod vorgekommen sein, und so verstand er auch die Botschaft des Traumes. Wir wissen heute, daß das Traumbewußtsein der Psyche sein Anliegen an das Wachbewußtsein nur über eine Symbolsprache zum Ausdruck bringen kann. Jedes Traumsymbol hat seine Bedeutung, und der Tod kommt in der Regel nicht in einer Rüstung daher. Noch weniger würde ein Schiffsreisender zu Beginn dieses Jahrhunderts mit einer Rüstung eine Gefahrensituation auf See verbinden.

Einer modernen Deutung zufolge steht die grimmige Gestalt für den »freundlichen Schatten« (eine unterstützende Funktion der Psyche), der den Träumenden beim Namen ruft und mit dem Schwert vor einer drohenden Gefahr warnt. Die blutbefleckte Rüstung deutet darauf hin, daß er es nicht schaffen wird, sein Leben zu retten, wenn er in der gegenwärtigen Situation verharrt.

Wie auch immer man das Ganze interpretiert, es ist nicht verwunderlich, daß Sawyer sich spätestens nach diesem dreimal wiederkehrenden Traum der Bedrohung, die vom Schlingern und Rucken des Schiffes ausging, voll bewußt war. Als die *Waratah* in Durban anlegte, ging er von Bord, ohne sich um das Gelächter einiger Mitreisender und den Verlust seines Tickets zu kümmern. Aber er handelte richtig. Bevor das Schiff Kapstadt erreichte, kam unerwartet ein Hurrikan auf, in dem das schlecht ausbalancierte Schiff wohl zu stark ins Schlingern geriet und sank. Claude G. Sawyer war der einzige Überlebende auf dieser letzten Fahrt.

Als die *Waratah* den Hafen von Durban endlich erreichte, war Sawyer verständlicherweise völlig fertig mit den Nerven, so daß er unmöglich länger an Bord bleiben konnte. Bis dahin hatte das Schiff trotz seines gefährlichen Baufehlers alle Überfahrten unbeschadet überstanden. Konnte das alarmierte und in seiner Wahrnehmung geschärfte Unterbewußtsein von Sawyer etwa das plötzliche Nahen des Wirbelsturms voraussehen? Wir wissen es nicht, aber es gibt Tiere, die so etwas spüren, und wir kennen einfach nicht die Grenzen menschlicher Instinkthandlungen.

Wir können jedoch mit absoluter Gewißheit sagen, daß die Wahrnehmung in einem solchen Fall über die erweiterte Aura abläuft.

Zum Zwecke der Forschung wäre es sicher interessant. mehr über das Leben und die Vorstellungen von Claude G. Sawyer zu erfahren, aber auch ganz allgemein betrachtet, verdeutlicht die Geschichte sehr gut den Zusammenhang zwischen den verschiedenen Funktionen der Psyche. In Anbetracht der Umstände können wir mit ziemlicher Sicherheit davon ausgehen, daß Sawyer nicht zu den ängstlichen Reisenden gehörte. Anfangs hatte er eine durchaus nachvollziehbare Angst vor der Reise. Mit dieser rationalen Angst hätte er wahrscheinlich leben können. Doch dann trat sein Unterbewußtsein auf den Plan. *Wenn wir in Krisenzeiten nicht mit unseren Instinkten zusammenarbeiten, kann es passieren, daß diese unsere beschränkte Vernunft vorübergehend ausschalten, um ihren Willen durchzusetzen.*

Deshalb ist es wichtig, daß wir üben, auf allen unseren Seinsebenen in uns »hineinzuhorchen«, um sie miteinander in Einklang zu bringen.

So etwas ist nicht an einem Tag zu bewältigen. Manchmal kommt man nicht umhin, seinen gesamten Lebensstil neu zu überdenken. Natürlich können wir unser Leben nach unseren Vorstellungen gestalten; wichtig ist nur, daß wir an einen Punkt gelangen, an dem wir das tägliche Chaos nicht für zwingend notwendig halten.

Sawyer mußte seine Angst vor einem finanziellen und zeitlichen Verlust, seine Angst, für einen Sonderling gehalten und ausgelacht zu werden, überwinden, um dem Tod zu entgehen.

Wenn wir ein Gespür für Werte entwickeln und danach leben, haben wir gleich zweifachen Nutzen davon:

- *Wir werden, wann immer wir uns fürchten, wissen, was zu tun ist.*
- *Unser Höheres Selbst wird sich verstärkt um uns kümmern, so daß wir weitaus seltener Grund zur Angst haben.*

Inzwischen können wir aber mit einer praktischen Übung beginnen uns selbst zu schützen; am besten, wir fangen gleich damit an. Langfristig dürfen wir nicht vergessen, uns immer wieder unsere Wertvorstellungen vor Augen zu halten. Das ist wichtig und erspart eine Menge Sorgen und Zweifel im Laufe des Lebens. Doch sobald wir anfangen, unsere Aura zu stärken, werden wir mit wachsendem Mut und Selbstvertrauen und echtem psychischen Schutz belohnt.

Im folgenden möchten wir zwei Übungsformen vorstellen: eine allgemeine Form für den täglichen Gebrauch und eine für »Notfälle«.

Es ließe sich eine Menge über die Wunder berichten (wie auch einige Psychologen allmählich begreifen), die unser Höheres Selbst vollbringen kann, jene lebendige göttliche Flamme, die der wahre Kern und Ursprung unseres Wesens ist. Da dem Höheren Selbst der Funke des göttlichen Geistes innewohnt, ist es wahrhaft göttlicher Natur: Es ist die Liebe und das Leben des Göttlichen in dir und für dich. Zwischen deinem Höheren Selbst und dir besteht eine unendlich starke und innige Bindung. Das strahlende Höhere Selbst kennt dein Geheimnis, deine wahre Bestimmung im Leben und wird dich mit deiner Zustimmung gewiß zu diesem Ideal hinführen.

Doch das ist noch lange nicht alles. Dein Höheres Selbst ist für dich auch die nie versiegende Quelle göttlichen Segens. Wenn du diesen Segen für dich oder andere erbittest – gemäß den Prinzipien spiritueller Wirklichkeit – kannst du vertrauensvoll das Licht deines Höheren Selbst anrufen, auf daß es dich erleuchte, stärke, erhalte und deine Wünsche Wirklichkeit werden.

Und damit kommen wir zu den zwei Methoden, die unsere Aura in den strahlenden und mächtigen Schutzschild verwandeln, den wir alle haben sollten.

Der Lichtturm (allgemeine Methode für den täglichen Gebrauch)

1. Atme tief und gleichmäßig durch (und behalte diesen Atemrhythmus während der ganzen Übung bei).
2. Lockere nach und nach den ganzen Körper.
3. Nimm eine aufrechte Haltung ein, ohne zu verkrampfen; die Arme hängen locker seitlich herunter. (Bei der praktischen Anwendung dieser Methode wird es Situationen geben, in denen es nicht immer möglich

oder sinnvoll ist, zu stehen. Wenn du gehst, dann aufrecht und in einem ruhigen, gleichmäßigen Rhythmus, während die Arme lokker mitschwingen. Wenn du sitzt, dann mit gerader Wirbelsäule und geschlossenen Beinen; die Füße dabei fest auf den Boden drücken und die Arme in die Hüften stemmen. Ansonsten gelten die gleichen Anweisungen wie im Stand. Für die tägliche Übung wird dringend die aufrechte Haltung empfohlen, es sei denn, du bist gesundheitlich stark angeschlagen.)

4. Visualisiere um dich herum ein ovales, wolkenartiges Gebilde aus leuchtendblauem Licht, das seitlich etwa 20 cm und am Kopf und an den Füßen etwa 40 cm über den physischen Körper hinausreicht. (Die emotionale Aura dehnt sich noch viel weiter aus und wird meist silbrig visualisiert; zu Verteidigungszwecken muß sie allerdings blau sein; zudem lassen sich die nötigen Voraussetzungen leichter in einem kleineren Rahmen schaffen.)
5. Wenn du es schaffst, dir dieses blaue Lichtfeld klar und deutlich vorzustellen (oder dir dessen bewußt zu sein), geh noch einen Schritt weiter, und visualisiere am höchsten Punkt dieser Aura, knapp oberhalb deines Kopfes, eine Lichtkugel in strahlendem Weiß.
6. Konzentriere dich ganz auf diese Lichtkugel, damit sie noch heller strahlt, weißglühend wie brennendes Magnesium. (Du brauchst dafür nicht nach oben zu blicken; es genügt, wenn du ihre Gegenwart spürst.) Dieses geistige Bild steht für das Licht deines Höheren Selbst, das tatsächlich vorhan-

den ist; und daß du die Lichtkugel schwebend über deinem Kopf visualisierst, hat seinen Grund: Du willst das Höhere Selbst nicht mit deinem bewußten Selbst, deinem Ego, gleichsetzen.

7. Vertiefe diese beiden Visualisierungen: das leuchtendblaue Oval, das dich schützend umgibt, und die strahlend weiße Kugel über deinem Kopf, am Scheitelpunkt der Aura.
8. Strebe – die strahlende Kugel über deinem Kopf stets vor Augen – nach dem höchsten Gut, das du dir vorstellen kannst; erkenne, daß diese visualisierte Kugel ein Stück wahre göttliche Macht verkörpert.
9. Wenn du soweit bist, stellst du dir vor, wie diese glänzende Kugel glitzerndes Licht aussendet. Dieses silbern funkelnde Licht überflutet deine Aura und durchdringt in pulsierenden Strömen deinen ganzen Körper.
10. Den äußeren Rand deiner Aura bildet das klar umrissene leuchtendblaue Oval, während das Innere des Kraftfeldes jetzt von einem lebendigen, pulsierenden, funkensprühenden Licht erfüllt wird.
    Halte dir dieses lebendige Bild noch eine Weile vor Augen (solange die Konzentration reicht) und spüre, wie dich die Lichtteilchen in pulsierenden Strömen ständig durchdringen. Dieses Licht ist unerschöpflich, denn es wird von der göttlichen Quelle gespeist. Spüre, wie es – strahlend hell und funkelnd – unaufhörlich in deiner Aura kreist und dabei die äußere Schicht, die harte Schale des blauen Ovals verstärkt. Erlebe dich glückselig und wachsam inmitten dieses herrlichen Ausdrucks göttlicher Macht.
11. Blende diese Vorstellung langsam aus dei-

nem Bewußtsein aus, wohl wissend, daß sie nicht aus der Realität verschwindet.

Je öfter und aufrichtiger du dies in Zeiten übst, wenn dich nichts quält oder ablenkt, desto schneller und wirkungsvoller wirst du dieses innere Bild bei Bedarf aufrufen können. Falls du Schwierigkeiten hast mit dem Visualisieren an sich, dann solltest du, wann immer sich die Gelegenheit dazu bietet, versuchen, dir ein anderes oder einfacheres Bild vorzustellen und es so klar und deutlich wie möglich vor deinem geistigen Auge erscheinen zu lassen. Denke stets daran: Jede willentliche Visualisierung ist vom Verstand gesteuert; du versuchst nicht, eine optische Täuschung hervorzurufen, sondern schaffst ein Symbol für etwas, das es tatsächlich gibt und das dadurch in Gang gesetzt werden kann.

Es gibt Situationen, in denen man kurzfristig Schutz vor Gefahren benötigt. Wenn dein Körper in Gefahr ist, solltest du natürlich auf der materiellen Ebene vernünftige Schutzmaßnahmen ergreifen. Darüber hinaus kann aber auch psychischer Schutz sehr nützlich sein, und das nicht nur zu deiner moralischen Unterstützung.

Daneben gibt es aber auch Situationen, in denen irdische Mächte nichts ausrichten können, zum Beispiel, wenn du auf Gedeih und Verderb Naturgewalten ausgeliefert bist oder wenn dich jemand in der Gewalt hat, der genauso unbezähmbar ist wie die Natur und bei dem man deshalb weder die Vernunft noch das Gefühl ansprechen kann.

In all diesen Fällen erweist sich die Lichtturmmethode für den Notfall als überaus hilfreich, wenngleich ihre Wirksamkeit doch wesentlich von der Stärke deiner Aura abhängt. Mit anderen Worten, hoffe nicht auf ein unverdientes Erfolgserlebnis, obwohl es nicht ausgeschlossen ist: Du solltest die allgemeine Methode täglich üben (bis du sie einigermaßen beherrschst) und die Notfallmethode wirklich nur in Notfällen anwenden. In einer Gefahrensituation kann sie bewirken, daß ein feindlicher Angreifer abgewehrt, bezwungen oder den tobenden Elementen für einen Moment Einhalt geboten wird. Nicht zuletzt beruhigt und erleuchtet sie deinen Geist und bringt dir vielleicht ein paar entscheidende Dinge zu Bewußtsein, von denen dein Wohl und Wehe abhängt.

Der Lichtturm (Notfallmethode)

1. Visualisiere sogleich das schützende leuchtendblaue Oval um deinen Körper herum und auf dem Scheitelpunkt – genau über deinem Kopf – die strahlend weiße Kugel mit dem Licht deines Höheren Selbst.
2. Vergegenwärtige dir die leuchtende Kugel über deinem Kopf, und strebe nach dem höchsten Gut, das du dir vorstellen kannst; erkenne in der Kugel, auch wenn sie nur ein visualisiertes Symbol ist, ein Teil der wahren göttlichen Macht.
3. Beobachte, wie die Kugel ein blendendweißes Licht ausstrahlt. Dieses Licht, in dem unzählige silbrige Funken aufblitzen, überflutet deine Aura und durchdringt dich in pulsierenden Strömen. Vergegenwärtige dir den scharf umrissenen blauen Rand deiner schützenden Aura.
4. Halte dieses Bild fest, solange es nötig oder dir möglich ist.

Wenn du dieses Bild aus deinem Bewußtsein ausblendest, sei dir darüber im klaren, daß der Schutz unsichtbar weiterbesteht.

Diese Methode funktioniert garantiert in psychischen Gefahrensituationen, wenn du gewissenhaft die allgemeine Methode übst. Sie eignet sich hervorragend als Einstimmung, indem sie den Kontakt zu deinem Höheren Selbst herstellt und blitzschnell überprüft, wie gut du dich verteidigen kannst. Auch bei körperlicher Gefahr, insbesondere wenn materielle Schutzmaßnahmen nicht möglich sind, führt diese geistige Übung zu erstaunlichen Ergebnissen.

Ein friedliebendes Ehepaar mittleren Alters sah sich eines Nachts auf dem Nachhauseweg von einer späten Feier bei Nachbarn plötzlich von einer johlenden Horde Heranwachsender umringt, die lautstark ihre Wertsachen forderten. In ähnlichen Situationen, das wußte das Ehepaar, hatte das Aushändigen von Geld und Schmuck den Opfern nicht das Leben gerettet. Die beiden fühlten sich jedoch sehr im Einklang mit ihrem Höheren Selbst. Unverzüglich suchten sie Schutz unter dem Lichtturm und setzten ihren Weg mutig fort. Sie wurden nicht weiter belästigt.

Leider wissen wir nicht, was die Jugendlichen dabei empfunden haben, aber eines wissen wir ganz sicher: Dies ist ein typisches Beispiel für die Schutzfunktion des Lichtturms bei Menschen in Lebensgefahr.

Aber sind diese Methoden nur zum persönlichen Schutz anwendbar? Was ist mit unserem Heim, unseren Kindern, Menschen, die uns nahestehen, und unseren Haustieren?

Sie alle können wir schützen. Wie bereits eingangs erwähnt, hat die persönliche Aura in Wirklichkeit eine weitaus größere Ausdehnung, als wir uns vorstellen können. Deshalb ist es möglich, durch Visualisierung und Einbeziehen unseres Höheren Selbst einen wirksamen Schutz für alle Menschen in unserem »Dunstkreis« aufzubauen.

Neugeborene genießen so lange den Schutz der mütterlichen Aura, bis sich ihre eigene Aura ausgebildet hat und entsprechend funktioniert. Sogar unter Erwachsenen, die in einer Familie zusammenleben, ist eine gemeinsame Aura nicht selten. Auch Lehrer stellen immer wieder fest, daß eine Klasse, in der ja die unterschiedlichsten Temperamente zusammenkommen, eine übergeordnete Gruppenaura entwickelt. Das gleiche Phänomen ist in der freien Natur zu beobachten, wo Tiere in der Regel die Aura ihres Rudels oder ihrer Familie teilen; Haustiere dagegen teilen die Aura ihrer menschlichen „Familie", manchmal auch die einer bestimmten Person. Alle diese Verbindungen weisen uns den Weg.

In verschiedenen Kulturkreisen wird dem Segen eines Elternteils, eines Lehrers oder eines älteren Bruders bzw. einer älteren Schwester seit alters her eine besondere Bedeutung, Macht und Autorität nachgesagt. Der ältere Mensch kann rechtmäßig das Licht seines Höheren Selbst zum Schutz eines ihm anbefohlenen Jüngeren anrufen. Da mit fortschreitender spiritueller Entwicklung unsere Aura wächst und erstarkt, können wir demzufolge auch immer mehr Menschen an ihren positiven Eigenschaften teilhaben lassen.

Will man auf diese Weise ein Tier schützen, dann sollte derjenige, an dem das Tier am meisten hängt, das übernehmen. Ist die Bezugsperson ein kleines Kind, sollten die Eltern einspringen.

Es folgen nun einige Varianten zur Lichtturm-Formel, die man entsprechend abgewandelt zur Segnung einsetzen kann.

Segnung eines Babys oder Kleintiers:
Beim »Visualisieren« des Lichtturms das Baby oder Tier in den Armen halten. Während du das schützende Oval vor deinem geistigen Auge entstehen läßt, »siehst« du förmlich, wie die Aura euch beide umhüllt. Nachdem du Schritt 8 der Lichtturmübung ausgeführt hast, erteilst du

den Segen, zum Beispiel mit den Worten »Laß dein mildtätiges Licht auch über . . . leuchten« . Beende die Übung wie gewohnt.

Segnung eines älteren Kindes, eines Erwachsenen oder eines größeren Tieres:
Den Empfänger des Segens im Sitzen oder Stehen liebevoll umarmen und dabei den Lichtturm visualisieren. (Sieh, wie deine Aura euch beide umhüllt.) Sprich anschließend wie oben den Segen.

Segnung eines weniger vertrauten Erwachsenen:
Stell dich ihm gegenüber, laß die Arme locker hängen, und ergreife seine Hände. Visualisiere dann den Lichtturm, wobei deine Aura euch beide umschließt. Segne ihn auf die gleiche Weise wie oben.

Segnung eines Hauses:
Bei regelmäßiger Visualisierung des Lichtturms nimmt das Haus die dabei erzeugten positiven und schützenden Schwingungen auf. Um eine besondere Schutzwirkung zu erzielen, kannst du – bei Schritt 10 angelangt – durch das Haus gehen und eingedenk deiner strahlenden Aura deine Handinnenflächen abwechselnd auf alle Türen und Fenster legen und dabei sagen: »Möge diese Tür (oder dieses Fenster) gesegnet sein mit allem, was da kommt und geht, und alles Böse von uns fernhalten.« Anschließend wie gewohnt mit der Übung fortfahren.

Anmerkung: Deine Aura ist kein starres Gebilde. Wenn du mit seitlich am Körper herunterhängenden Armen dastehst, hat sie eine ovale Form; auch im Gehen paßt sich die Aura deiner Bewegung an, und jeder Arm ist vom Lichtfeld deiner Aura umgeben. Welche Form die Aura auch annimmt, ihre Schutzfunktion bleibt bei jeder Bewegung erhalten.

Merke

- Vergegenwärtige dir alltägliche Situationen, in denen dein psychischer Selbstschutz besser funktionieren könnte. Was würde sich für dich ändern, wenn deine Aura der strahlende Schutzschild wäre, der sie eigentlich sein sollte?

- Sei dir deiner Aura bewußt, und sei dir darüber im klaren, daß sie stärker wird, wenn du an sie denkst, wenn du an ihr arbeitest. Denk stets daran: je stärker deine Aura wird, desto stärker wirst du selbst.

- Wenn dich spezielle Ängste plagen, steh dazu, und überleg dir, was du dagegen unternehmen kannst.

- Finde zu deinem eigenen Wertesystem, und lebe danach. Betraue dein Höheres Selbst mit der Verantwortung für dein Leben.

- Trainiere deine Fähigkeit, auf allen Ebenen in dich hineinzuhören, um sie miteinander in Einklang zu bringen.

- Visualisiere den Lichtturm täglich nach der allgemeinen Methode.

- Übe die Notfall-Methode in regelmäßigen Abständen, um sie bei Bedarf anwenden zu können.

- Überlege dir, inwiefern du anderen mit dem Lichtturm und seinen Varianten helfen kannst.

Kapitel 3

Das Wichtigste auf einen Blick

1. Geschichten über okkulten Terror sollte man in der Regel keinen Glauben schenken: Entweder wurden die historischen Fakten nur unzureichend berücksichtigt, oder sie sind schlichtweg erfunden.
   - Oftmals sind überhaupt keine okkulten Kräfte im Spiel, sondern Aberglaube, Leichtgläubigkeit und Propaganda mit der Absicht, etwas bewußt falsch darzustellen oder die Feindschaft zwischen zwei Völkern oder Religionen zu schüren.
   - Daneben gibt es aber auch echte okkulte Phänomene, wie zum Beispiel »Psychovampire«: Ganz normale Menschen, die mangels eigener Vitalität anderen Menschen die Energie entziehen, meist sogar, ohne sich dessen bewußt zu sein.
   - Wahr ist auch, daß es unzufriedene, seelisch kranke oder unreife Menschen gibt, die mit Gewaltaktionen Angst und Schrecken verbreiten und sich dabei die falschen Vorstellungen von Okkultismus zunutze gemacht haben, um ihre Freude an der Schockwirkung dahinter zu verbergen. Okkulte Fähigkeiten oder echte okkulte Praktiken sind darin aber nicht verwickelt.

   Vor Geheimgesellschaften muß sich kein Außenstehender fürchten. Die meisten Okkultisten sind ohnehin viel zu sehr mit ihrer eigenen Selbstfindung und der Erforschung verschiedener Existenzformen beschäftigt, als daß sie sich auf solche Spielchen einlassen würden.
2. Wie überall können auch hier Scharlatane am Werk sein, die sich als Okkultisten ausgeben, um schwache

und leichtgläubige Menschen auszunutzen. Nicht schwach und leichtgläubig zu sein ist deshalb die beste Verteidigung. Mit Okkultismus hat das alles nichts zu tun, und diese Scharlatane sollten auch entsprechend behandelt werden.

3. Wie überall gibt es auch hier Fälle, in denen ein richtiger Okkultist (meist aber ein Laie oder jemand Unbesonnenes) aus Eifersucht oder weil er sich bedroht fühlt, von seinen okkulten Fähigkeiten Gebrauch macht. Meistens jedoch als Reaktion auf einen echten psychischen Angriff, der in der Regel von einem anderen Okkultisten ausgeht.
   - In einer solchen Situation bietet die Visualisierung des Lichtturms einen perfekten Schutz, vorausgesetzt, der Angreifer kann die Aura seines Opfers nicht von innen heraus schwächen, indem er dessen Phantasie beeinflußt.
   - Am häufigsten gelingt ein solcher Angriff von innen heraus durch die Erzeugung von Schuldgefühlen.
   - Die beste Verteidigung besteht darin, diese Gefühle nicht ernst zu nehmen. Wer trotzdem Schuldgefühle entwickelt, hat etwas falsch gemacht. Sei trotzdem nachsichtig mit dir.
   - Lachen ist ein ideales psychisches Heilmittel, und man kann fast allen Dingen eine komische Seite abgewinnen.
   - Die Schutzwirkung der Aura kann durch ein eigens ausgesuchtes spirituelles Zeichen noch zusätzlich erhöht werden.
   - Wenn religiöse Menschen deine Lebenspläne durchkreuzen wollen, reicht es oft schon, ihnen mit aller Bestimmtheit entgegenzutreten. Sie werden deiner spirituellen Einstellung und Praxis Respekt entgegenbringen und dir das Recht auf Glaubensfreiheit zuerkennen.
4. Angehende Okkultisten, vor allem zu Beginn ihrer geistigen Entwicklung, bieten medialen Phänome-

nen oft ungewollt eine Angriffsfläche, zum Beispiel verschiedenen Geräuschen, Poltergeist-Phänomenen, vereinzelten außersinnlichen Wahrnehmungen, unfreiwilligen außerkörperlichen Erfahrungen, Phantomen usw.

- Als Mitglied eines echten Geheimordens wird der Schüler in solche Dinge meist umfassend eingeführt.
- Alle diese Phänomene entstehen durch die unkontrollierte Freisetzung von Energie aus dem Astralkörper des Schülers, meist als Reaktion auf sein geistiges Training oder, wie bei jungen Menschen häufig zu beobachten, als Teil des Energieüberschusses, der bei Heranwachsenden normal ist.
- Auch Gruppen, zum Beispiel Kirchengemeinden, erleben manchmal ungewollte paranormale Erscheinungen dieser Art, hervorgerufen durch freigesetzte, aber ungelenkte Energien.
- Gelegentlich zieht eine solche freigesetzte Energieansammlung auf der Astralebene Elementale an.
- Das geistige Trainingsprogramm ist in solchen Fällen sofort abzubrechen und die Aurastärke dreimal täglich mit der Visualisierung des Lichtturms durchzuführen.
- Treten die Störungen infolge eines außer Kontrolle geratenen rituellen Versuchs auf, hilft am besten ein entsprechendes Gegenritual.
- Andernfalls kann man den unerwünschten Phänomenen auch ein Ende bereiten und gleichzeitig noch etwas Positives bewirken, indem man die überschüssigen Energien umlenkt, zum Beispiel in Gebete zur Heilung bestimmter Menschen.

5. Das Führen eines Traumtagebuchs gibt oft Aufschluß über Art und Herkunft der psychischen Störfaktoren, egal, ob es sich dabei um einen echten psychischen Angriff, um »Astralbluten« oder um etwas anderes handelt.

6. Ein psychischer Angriff ist nie einseitig: Der Angreifer benutzt etwas von dir, um etwas von sich in deiner Psyche zu verankern – und dieser Austausch läßt einen zweiseitigen Kanal entstehen, über den du die Energien zurückfließen lassen kannst.
   - Um einen Angriff zu vereiteln, muß du auf deine persönlichen Sachen, aber auch auf ausgefallene oder abgeschnittene Haare achtgeben. Erzähle auch nichts über dich und deine Pläne weiter. Überlaß nichts deinen Feinden.
   - Gewähre niemals einem möglichen Angreifer Gastfreundschaft, und nimm auch nichts von ihm an.
   - Wenn du etwas von dem Angreifer besitzt, versuche es so schnell wie möglich loszuwerden. Achte auf Kleinigkeiten, die man dir untergeschoben oder in dein Haus eingeschmuggelt hat.
   - Wenn du mit dem mutmaßlichen Angreifer reden mußt, achte darauf, daß deine Aura als Schutzschild zwischen euch steht.
   - Visualisiere den Lichtturm täglich vor dem Schlafengehen.

Okkultismus und Religion und die daraus resultierenden Schwierigkeiten

Inwieweit stellt der Okkultismus eine echte Bedrohung für Außenstehende dar? Er stellt überhaupt keine Bedrohung dar. Dazu werden wir im folgenden einige Erläuterungen geben.

Wenn zwei Länder gegeneinander Krieg führen, betrifft das auch Unbeteiligte. Auf die Zivilbevölkerung fallen Bomben; Lebensmittel und andere wichtige Versorgungsgüter sind nicht länger erhältlich, und die Weltpreise werden in Mitleidenschaft gezogen. Die Rückstände all der Explosionen und Verbrennungen und möglicher Kernspaltung steigen in die Atmosphäre auf, wo sie sich nur sehr langsam wieder abbauen, und so weiter und so fort. Ebenso schlägt sich die Unzufriedenheit der Bevölkerung auf die Unschuldigen nieder.

Der Okkultismus ist dagegen – trotz der Zweifel einiger Leute – eine abgeschottete Welt. Die meisten Okkultisten haben – wie viele andere Leute auch – heutzutage kaum noch Zeit und sind viel zu sehr mit ihrer eigenen Selbstfindung und der Erforschung verschiedener Existenzformen beschäftigt, als daß sie andere Leute angreifen würden. Hinzu kommt, daß duellierende Zauberer, falls es überhaupt welche gibt, die Landschaft nicht mit fehlgeleiteten Blitzen verwüsten, und daß auch keine unschuldige Hausfrau ihr Besteck morgens verbogen vorfindet, wenn nächtens ein psychokinetischer Wettkampf von Unbekannten auf der Astralebene ausgetragen wurde. Jeder, der morgens mit Knoten im Haar aufwacht oder eine Fratze an der Decke entdeckt, hat zumindest eine leise Ahnung, warum das so ist.

Was ist also dran an den Geschichten, die man so hört? Was ist mit all den Unschuldigen, die gekidnappt und das Opfer eines Ritualmordes wurden? Was ist mit Kirchen und Gräbern, die hin und wieder geschändet und mit merkwürdigen Symbolen gekennzeichnet werden? Warum gibt es weiterhin so schaurige Dinge wie den Charles-Manson-Kult? Was ist mit Mord durch Vampire?

Es folgt nun eine ansehnliche Auswahl an Unerklärlichem der höchst unangenehmen Art, jeweils mit anderem Hintergrund. Viele der älteren Geschichten entpuppen sich einfach als einander widersprechende Ansichten über den Wert des menschlichen Lebens. Einige stammen aus dem Mittelalter oder aus dem spätmittelalterlichen Feudalismus, in dem ein Feudalherr (wie Gilles de Rais im 15. Jahrhundert) uneingeschränkte Macht über Leben und Tod seiner Untertanen hatte, ganz gleich, ob er diese Macht für militärische Zwecke, okkulte Dinge oder Sonstiges gebrauchte. Die Rechte eines solchen Mannes über seine Lehnsleute sowie die Rechte der Eltern über ihre Kinder endeten normalerweise dort, wo die Macht der kirchlichen und weltlichen Herrscher einsetzte. Aber wenn ein einflußreicher Mann es wagte, sich über diese Herrscher hinwegzusetzen, mußte er erst einmal »geschnappt« werden, bevor er zur Rechenschaft gezogen werden konnte.

Das gleiche traf auch auf eine einflußreiche Dame zu. Der Tod von zahlreichen jungen Mädchen im 16. Jahrhundert, der auf das Konto der Gräfin Bathory ging, hatte im Grunde nichts »Magisches« an sich, wenngleich die Frau oft als Vampir bezeichnet wurde. Auf der Suche nach ewiger Jugend und Schönheit trank sie das Blut der Mädchen, so wie sich heute – im Namen der Wissenschaft, aber mit der gleichen Absicht – begüterte Frauen am Lebenssaft ungeborener Lämmer laben. In der Tat würde man einem Tier heute mehr Rechte zugestehen als Gräfin Bathory damals einem Bauernmädchen.

Auch die Geschichte des tapferen, wenn auch grausamen Vlad Dracul, in dem der fiktive Graf Dracula seinen Ursprung hat, muß aus historischer Perspektive betrachtet werden. In ständig neuen Angriffswellen versuchten die Feinde, seine gebirgige Heimat zu erobern. Nach langen und beschwerlichen Kämpfen bezwang er schließlich die Eindringlinge, hatte aber keine Lust, dieses Gemetzel bis ans Ende seiner Tage fortzusetzen. Deshalb ließ er voller Zorn und Abscheu seine Gefangenen – angeblich waren es 20 000 an der Zahl – lebendig aufspießen.

Es läßt sich nicht leugnen, daß er an dieser Tötungsmethode Gefallen fand und sie fortan an Übeltätern aller Art ausführte. Da sie jedoch als Abschreckung gedacht war, machte er daraus kein Geheimnis. Mit Magie hatte das nicht das geringste zu tun. Das einzig Geheimnisvolle an Vlad Dracul waren seine Kraft, sein Mut, sein Einfallsreichtum und der Aberglaube seiner Feinde. Letzterer ist nur allzu verständlich. Welcher Krieger gibt schon gern zu, von einem anderen besiegt worden zu sein? Doch wenn der Gegner mit übernatürlichen Fähigkeiten ausgestattet ist, sieht die Sache gleich anders aus.

Aber gibt es nun Vampire oder nicht? Aufgrund der einschlägigen Erfahrungen mit ihnen und der Befreiung aus ihren Klauen muß dies ausdrücklich bejaht werden. Der echte Vampir ist jedoch selten. Ein klassischer Fall ist der des Arnold Paole, der Anfang des 18. Jahrhunderts in Meduegna lebte, einer Region des früheren Jugoslawien. Er führte seine Ansteckung auf einen Aufenthalt in Griechenland zurück, was sehr bezeichnend ist. Denn Geschichten über Vampirismus tauchen in der griechischen Kultur früher auf als anderswo; sie lassen sich sogar bis zu alten, den Toten geweihten Blutopfern zurückverfolgen. Viel häufiger kommen Astral- oder Psychovampire vor. Das sind meist menschliche Seelen, die aus dem einen oder anderen Grund die Energien ihrer Mitmenschen anzapfen, weil sie ihre eigenen Energiequellen nicht nutzen können oder wollen. Manchmal handelt es sich bei diesen Parasiten um Elementale, die durch den Kontakt mit Menschen verdorben wurden. Mehr über die letztgenannte Gruppe von Vampiren im nächsten Kapitel.

Hinsichtlich der menschlichen Psychovampire besteht eigentlich kein Grund zur Beunruhigung, solange man weiß, wie man mit ihnen umgehen muß, und solange man jeden gefühlsmäßigen Kontakt mit ihnen meidet. Natürlich werden sie das mitkriegen, ob bewußt oder unbewußt, und alles dransetzen, dich einzuwickeln.

Oft ist ihnen gar nicht bewußt, was sie da tun. Viele haben in jeglicher Hinsicht die Kontrolle über ihr Handeln verloren, so wie ein Ertrinkender in panischer Angst seinen Retter mit in die Tiefe zu ziehen versucht. Es gibt ihrer viele, angefangen beim *Schwarz*magier, der mit seinem Höheren Selbst gebrochen hat und nun verzweifelt versucht, Schüler um sich zu scharen, deren Energien er im Ritual freisetzen und sich einverleiben kann.

Diesen völlig ahnungslosen Psychovampiren muß man nicht gleich aus dem Weg gehen. Man muß sich nur entsprechend schützen. Hierzu das Wichtigste:

Schutzmaßnahmen gegen Psychovampire:
Der betreffenden Person nicht direkt gegenüberstehen oder -sitzen; bei Blickkontakt solltest du dich auf das linke Auge konzentrieren. Die Beine übereinanderschlagen und die Arme möglichst über dem Solarplexus verschränken. Etwas zur Seite gewandt sprechen und beim Zuhören den Mund geschlossen halten und den Kopf leicht nach vorne neigen.

Doch kommen wir noch einmal zurück auf die Ritualmorde und die unzähligen angeblich echten Berichte zu diesem Thema. Hierbei dürfen die wahren Sachverhalte nicht unter den Teppich gekehrt werden.

Zur Zeit des Römischen Reiches wurden verschiedene nichtrömische Religionen von offizieller Seite geduldet.

Die Regierung hatte jedoch nicht die Absicht, Religionen zu dulden, die als ketzerisch oder politisch bedrohlich galten. Und da das Prinzip der Toleranz in der Öffentlichkeit nicht einfach aufgegeben werden konnte, mußten diese als gefährlich eingestuften Religionen abscheulicher Praktiken bezichtigt werden.

Zu diesem Zweck wurde eine Liste aufgestellt, die Greueltaten wie Ritualmorde und Kannibalismus, sexuelle Ausschweifungen bei geheimen Zeremonien sowie jegliche Verbrechen an Kindern enthielt und mit der die Öffentlichkeit ganz bewußt gegen die Andersgläubigen aufgebracht werden sollte. Zu diesen geächteten Religionen gehörte das Druidentum (die Anklage lautete auf Menschenopfer, wobei wir dies nur aus römischer Quelle wissen) und natürlich auch das Christentum.

Als das Römische Reich unter Konstantin dann christlich wurde, übernahm die Kirche das gesamte römische Rechtssystem, wozu auch besagte Liste mit den Anschuldigungen gehörte. Seit dieser Zeit begegnen wir ihr immer wieder, doch nun gegen jene gerichtet, die als Feinde des Christentums hingestellt wurden.

Viel Schaden wurde dadurch angerichtet; es kam – damals wie heute – zu Verfolgungen und Massakern. Unter Anhängern verschiedener Religionen hat dies unsägliche Ängste ausgelöst, nicht nur vor seelischen, sondern auch vor körperlichen Verletzungen. Und was noch viel schlimmer ist, dadurch wurden den Unzufriedenen, die gegen die Gesellschaft oder die Religion rebellierten oder sich ausgestoßen fühlten, grauenhafte Möglichkeiten aufgezeigt. Sie brauchten sich nur so zu verhalten, wie man es von ihnen erwartete, was von Zeit zu Zeit einige der Schwächsten oder einige seelisch Gestörte auch taten.

Doch das sind Extremfälle. In der Regel überwiegen die Menschen, die ein solches Verhalten nur vorgeben, weil sie sich entweder als Helden aufspielen wollen, ein übersteigertes Geltungsbedürfnis haben, eine mutwillige

Zerstörung vertuschen wollen oder weil sie in ihrer geistigen Unreife schwächere und verletzlichere Menschen gern in Angst und Schrecken versetzen. Doch all das hat nicht das geringste mit okkulten Praktiken zu tun. Gefahr besteht nur in einigen wenigen Fällen, und wenn, dann nur für den Körper, nicht für die Psyche. Wenn wir Angst haben, müssen wir versuchen, den Grad der Angst zu ermitteln. Wenn keine Magie im Spiel ist, verteidigt man sich am besten wie bei drohender körperlicher Gewalt.

Der Okkultismus, wie er in Geheimgesellschaften ausgeübt wird, stellt daher keinerlei Bedrohung für Menschen dar, die nichts mit diesen Dingen zu tun haben und auch weiterhin nichts damit zu tun haben wollen. Eher muß man sich vor nichtkörperlichen Kräften fürchten, die es zuhauf gibt, oder gar vor einzelnen, meist ungeübten Hexenmeistern, die auf merkwürdige Art und Weise Unruhe stiften. Daher ist es ein Hauptanliegen dieses Buches, den in okkulten Dingen nicht bewanderten Personen die wirkungsvollste Verteidigung gegen derlei Kräfte aufzuzeigen. Doch deshalb braucht man noch lange keine Angst vor organisierten Geheimgesellschaften und Okkultisten zu haben.

Eines möchten wir sofort klarstellen: Wer Nachbarn hat, die seltsam riechendes Räucherwerk abbrennen oder von Zeit zu Zeit merkwürdige Gesänge anstimmen, sollte sich deswegen nicht ängstigen. Solche Leute – egal, ob sie sich auf westliche oder östliche Tradition berufen – wollen nichts anderes, als ihren spirituellen Weg gehen und geben sich meist alle Mühe, eine Aura des Schutzes und des Friedens um sich herum zu errichten.

Ganz anders ist die Situaton bei eingeweihten Okkultisten. Als Mitglied eines angesehenen Ordens oder als Schüler angesehener Meister steht man solange unter deren Schutz, bis man selbst genügend Wissen und Macht zu seinem Schutz erworben hat. Derlei Wissen und Macht nützen jedoch nichts, wenn sie nicht auch praktisch angewendet und durch eine entsprechende Lebensweise gefördert werden. Deshalb wollen wir hier nicht nur die wichtigsten Methoden zum Erreichen des einen oder anderen Ziels aufzeigen, sondern auch das notwendige Wissen vermitteln, das ein ansonsten auf sich selbst gestellter Schüler oder eine entsprechende Gruppe zur Entwicklung der spirituellen Fähigkeiten benötigt.

Ganz allgemein läßt sich folgendes sagen: Je größer deine psychischen Kräfte sind und je besser du sie unter Kontrolle hast, desto wirkungsvoller wird auch dein psychischer Selbstschutz sein. Gut ist alles, was psychische und körperliche Energie erzeugt – Körperarbeit, Meditation, geistiges Training zur Anregung der spirituellen Energiezentren (Chakras) – und dir hilft, diese Energie bewußt zu kontrollieren und zu lenken. Gut ist alles, was dein Selbstbewußtsein fördert, alles, was dir hilft, deinen Verstand nicht bloß als Übersetzer und Lenker deiner emotionalen und instinkthaften Natur zu sehen, sondern als Vehikel und Instrument des Höheren Selbst, von dem alle Fähigkeiten und Eingebungen ausgehen: vergangene, gegenwärtige und zukünftige.

Es gibt ein bewährtes Rezept, das alle Lebenskünstler dieser materiellen Welt kennen. Dieses Rezept läßt viele Menschen sicher und sorglos in sogenannten gefährlichen Städten oder Bezirken leben. Es besteht schlicht und ergreifend darin, sich nie ohne Grund in der Öffentlichkeit zu zeigen und sich entschlossen und ohne Umwege von einem Ort zum anderen zu bewegen.

Das ist beileibe kein okkultes Geheimnis, aber es kann zu okkulten Zwecken eingesetzt werden. Wenn du herausfinden willst, welche Bestimmung du in diesem Leben hast, und wenn du deiner wahren Bestimmung dann fest entschlossen folgst, wirst du geistig wie körperlich kaum noch belästigt werden.

Am meisten gefährdet in der Welt des Okkulten sind Laien, unvorsichtige Tüftler, ungestüme Anfänger, die meinen, daß ihnen ohne Erfahrung und Training alle Vergünstigungen zuteil werden. Wenn sie einem sogenannten Meister begegnen, fragen sie ihn nicht nach seinen Referenzen – sie sind schon froh, wenn sie nicht nach ihren gefragt werden. Sie lernen wirklich auf die harte Tour (falls sie überhaupt etwas lernen). Sicher haben sie ein Recht auf ihre schlechten Erfahrungen, aber sie haben kein Recht, den Okkultismus für ihre Schwierigkeiten verantwortlich zu machen.

Da das Leben aber selbst für ernsthafte Schüler zwangsläufig einige Ablenkungen bereithält, sollten einige der möglichen Folgen nicht außer acht gelassen werden.

Am wahrscheinlichsten sind Angriffe von anderen Okkultisten, entweder aus Eifersucht (berechtigt oder nicht) oder aus Rache oder aber als Zeichen von Macht. Zuweilen kommt es sogar zu äußerst raffinierten und skrupellosen Angriffen, vor allem dann, wenn ein Neuling in einem fragwürdigen Orden zufällig auf etwas stößt, das nicht ans Licht kommen soll. Zu diesen Angriffen kommt es auch unter anderen Umständen, seltener jedoch, wenn es darum geht, einem zu selbstbewußten Mitglied einen ordentlichen Denkzettel mit der entsprechendes »Unterschrift« zu verpassen.

Das Gefährliche an diesen Lektionen – meist eine Folge heftiger Gefühlswallungen – ist, daß derjenige, der die Lektion erteilt bekommt, oft mit den Nerven völlig am Ende ist. Unter gewissen Umständen verliert der Betreffende dann den Mut, das Vertrauen oder die Fähigkeit, sich weiter mit okkulten Dingen zu beschäftigen. Andererseits wird von einem guten Ordensmitglied erwartet, daß er sich nicht unterkriegen läßt und stets ein gesundes Selbstbewußtsein an den Tag legt.

In einem solchen Fall hat das Opfer vielleicht mit Ärger gerechnet und sollte mit der regelmäßigen Visualisierung des Lichtturms für eine starke Aura sorgen. Das ist die beste Verteidigung und auch völlig ausreichend, vorausgesetzt, der Angreifer schafft es nicht, den Schutzschild in der Vorstellung des Opfers zu durchbrechen. Im folgenden Kapitel werden wir verschiedene Wege vorstellen, über die das versucht wird. Im vorliegenden Fall versucht der Angreifer höchstwahrscheinlich, ein Gefühl von Schuld und zwangsläufig notwendiger Bestrafung zu erzeugen. Dazu werden im Opfer anfangs neben Schuldgefühlen auch Gefühle der Angst, der Depresson und des Grauens erzeugt.

Das beste, was man in einer solchen Situaton tun kann, ist, diese Gefühle gar nicht erst ernst zu nehmen. Ohne eine gewisse Übung im »Loslassen« ist das leider kaum zu bewerkstelligen. Hinzu kommt, daß der Angegriffene entweder wissen muß, daß die Gefühle ungerechtfertigt oder unangemessen sind, oder zumindest vermutet, daß sie ihm untergeschoben wurden. Fröhlichkeit, auch Lachen, wirkt in einem solchen Fall wahre Wunder. Wenn ein anderer Okkultist aus der Tatsache, daß du an seinem Ego gekratzt hast, ein Drama macht, heißt das noch lange nicht, daß du seine Auffassung teilen mußt.

Wenn du meinst, es gibt Dinge, aufgrund derer du angreifbar bist und dich schuldig fühlst, na schön. Gib zu, daß du etwas falsch gemacht hast (wenn es so ist) und sei nachsichtig mit dir. Das ist ungeheuer wichtig. Brüte nicht vor dich hin. *Du darfst deinen Fehlern keine übertriebene Bedeutung beimessen. Geh raus und genieße den Sonnenschein,* betrachte *die Berge oder das Meer oder irgendwas anderes, das dir hilft, die Dinge wieder im richtigen Licht zu sehen. Schau voller Liebe und Mitgefühl (und mit einer gehörigen Portion Humor) auf dein niederes Selbst, vergib dir und beginn von neuem. Sei bereit für das nächste Abenteuer deines Lebens.*

Dein Leben ist wie ein Kreis, dessen Mittelpunkt die göttliche Flamme in dir ist. Bedenke: Wo immer dein

> *Weg dich hinführt, du kannst von überall eine direkte Linie zur Kreismitte ziehen, und niemand kann sie dir wegnehmen.*

Wenn du dies zu deiner Lebensphilosophie machst, bist du unbesiegbar. Denk an Wagners Parzival, der einen Fehler nach dem anderen begeht, der aber trotzdem nie den Mut verliert und das Leben nimmt, wie es kommt. Am Ende versteht er aufgrund seiner eigenen Erfahrung die Schwächen der anderen und löst alle ihre Probleme.

Sollte der Angegriffene trotzdem noch Bedenken haben, kann er den Schutzschild seiner Aura weiter stärken. Das ist zwar nicht nötig, aber es hebt die Moral, und deshalb ist es für den einzelnen auch so wichtig.

Die Verstärkung besteht darin, *ein visualisiertes Zeichen in Höhe der Augenbrauen* einzufügen, nachdem die Aura mit dem Licht des Höheren Selbst aufgeladen wurde. Dieses Zeichen soll verstärkend wirken. Es muß jedoch ein Zeichen sein, das für den Betreffenden einen wirklichen spirituellen Schutz darstellt: Für manche ist es das Kreuz, für andere der Halbmond, das Pentagramm oder der Davidstern, um nur einige zu nennen. Viele Zeichen werden seit alters her als Schutzsymbol verwendet und in den verschiedenen Kulturen mit archetypischen Kräften in Verbindung gebracht. Entscheidend ist jedoch, daß jeder, der ein solches Zeichen benutzt, sich diesem Zeichen wirklich verbunden fühlt; es muß zu ihm passen. Äußere Umstände sollten ihn bei seiner Wahl nicht beeinflussen. Nur wer absolut ehrlich zu sich selbst ist, besitzt eine wirksame psychische Waffe. Das einmal gewählte Zeichen sollte man sich in leuchtendblauem Licht auf der Stirn vorstellen und sich dieses geistige Bild so lange vor Augen halten, wie Gefahr besteht.

Wenn man jedoch einem Okkultisten »an den Kragen« will, indem man ernsthaft versucht, ihm Schuldgefühle einzureden, muß man als Laie schon echte Glanzleistungen vollbringen.

Auf einen solchen Versuch von Okkultist zu Okkultist kommen mindestens 99 entsprechende Versuche von Leuten (meist aus der Verwandtschaft), die nichts von okkulten Fähigkeiten verstehen. Zum Glück ist man sich heute aber darüber einig, daß die »Neuprogrammierung« eines Erwachsenen, der weder kriminell noch magersüchtig zu werden droht, eine Einschränkung der persönlichen Freiheit bedeutet.

Die eigentliche Schwierigkeit liegt auf der psychologischen Ebene. Familienmitglieder, die mit Okkultismus nichts zu tun haben, haben das Recht, an ihren Traditionen festzuhalten und sie dem Okkultisten gegenüber zu rühmen. Der Okkultist ist seinerseits dazu berechtigt, höflich abzulehnen und seinen eigenen Weg zu gehen. Doch so einfach liegen die Dinge meist nicht, wenn menschliche Gefühle ins Spiel kommen.

Einerseits gibt es mit Sicherheit Leute, die ihre Familie mit allen möglichen Dingen unter Druck setzen. Wenn die Tochter oder der Sohn nichts mit Okkultismus am Hut hat, dann wird eben Druck über die Freundin oder den Freund ausgeübt, um die Wahl eines Berufes oder gar eines Hobbys zu erzwingen. Andererseits klagen Okkultisten oft darüber, von ihrer Verwandtschaft bedrängt zu werden, wenn dies offensichtlich gar nicht der Fall ist.

Dafür gibt es zwei Gründe. Zum einen verkörpern die sogenannten normalen Familienmitglieder in der Regel Ansichten, die der Okkultist von Geburt an zu respektieren gelernt hat, und ihre Gültigkeit – wird sie von geliebten Menschen gefordert – macht das Familienleben für einen Heranwachsenden, der einen unwiderstehlichen Drang verspürt, seiner inneren Stimme zu folgen, oft unerträglich.

Und noch etwas spielt dabei eine wichtige Rolle. Das Interesse des Okkultisten (Sehers oder Mystikers, denn sie alle unterliegen den familiären Zwängen) an den unsichtbaren Welten ist wahrscheinlich auf eine allumfassende Sensitivität zurückzuführen, die Normalsterbliche immer wieder in Erstaunen versetzt. Und so kann es passieren, daß der Sensitive ein paar beiläufig erwähnte Wünsche bereits als Befehl auffaßt und sich tatsächlich bedrängt fühlt, ohne daß dieser Druck je beabsichtigt war. Dieses Problem läßt sich am besten lösen, wenn beide Parteien in Liebe aufeinander zugehen.

Wenn der Okkultist schon in jungen Jahren seine Energiezentren (Chakras) entwickelt und traniert hat, dann hat das auch eine gesteigerte Wahrnehmung gegenüber Gedanken und Gefühlen anderer Menschen zur Folge. In Krisenzeiten ist es daher ratsam, solche Übungen einzustellen und sich statt dessen auf die Bewußtmachung, die Visualisierung und die Stärkung der Aura zu konzentrieren. Dafür bietet sich vor allem die Methode des Lichtturms (für den täglichen Gebrauch und für Notfälle) an, da bei dieser Übung lediglich das Scheitelchakra aktiviert wird.

Manchmal muß der Okkultist auch außerhalb der Familie massive Kritik von verängstigten, argwöhnischen und übereifrigen Menschen über sich ergehen lassen. Wahrscheinlich liegen wir mit der Vermutung, daß alle diese Menschen mehr oder weniger ängstlich sind, gar nicht so falsch.

Der scheinbar hartnäckigste Zweifler ist oft der ängstlichste unter den Kritikern. Nur einmal angenommen, es wäre ein Körnchen Wahrheit an dem, was der Okkultist glaubt, was würde dann aus der heilen Welt des Zweiflers innerhalb seiner eigenen vier Wände werden? Das sollte der Okkultist stets bedenken. Wir sind uns unserer eigenen Schwächen bewußt, während die anderen sich ihre Schwächen meist nicht eingestehen. Es stärkt aber unsere Moral ungemein und festigt auch unseren Standpunkt, wenn wir erkennen, daß die Menschen, die sich uns gegenüber besonders aggressiv verhalten, dies wahrscheinlich nur tun, weil sie irgendwelche Ängste verbergen wollen.

Wenn du dich von Menschen einer bestimmten Religionszugehörigkeit belästigt oder gestört fühlst, dann solltest du versuchen, ihr Verständnis zu wecken. Manchmal gelingt es, und dann halten sie dich für einen Andersdenkenden und nicht einen von ihresgleichen, der »vom rechten Weg abgekommen« ist. Leute, die es für ihre Pflicht halten, ein verirrtes Schäflein tot oder lebendig zurückzubringen, respektieren oft die Freiheit einer Schneeziege.

Zur Verdeutlichung des Gesagten möchten wir ein Beispiel aus dem täglichen Leben anführen: Zwei Frauen wurden Freundinnen, weil sie nebeneinander im gleichen Großraumbüro arbeiteten. Sie machten Besorgungen füreinander, teilten ihre Pausenbrote, unterhielten sich über Neuigkeiten, Mode und Familie. Eine von beiden – Lucy – erzählte auch hin und wieder etwas von ihrer Kirche, dem Chor, der Sonntagsschule usw. Ihre Nachbarin – Madge – erwiderte nie etwas darauf, was Lucy offensichtlich nicht bemerkte.

Eine mittags kamen drei Mädchen aus einer anderen Abteilung vorbei und fragten nach einem Weinglas. Madge fand nicht nur eins, sondern wußte auch gleich, wozu sie es brauchten, und verzog sich mit den dreien in den Telefonraum, wo sie sich eine Stunde lang ungestört einem Oui-ja-Board widmen wollten.

Kaum hatten sie damit begonnen, wurde die Tür aufgerissen und Lucy stürmte herein, puterrot im Gesicht und mit zerzausten Haaren, so daß Madge sie kaum erkannte. Mit zitternder Stimme überschüttete Lucy die Frauen – vor allem aber Madge – mit einem Schwall gehässiger Worte und warnte zum Schluß mit einer Reihe von falsch zitierten Bibelstellen vor Hexerei und gottlosem Tun.

Überraschenderweise bewahrte Madge die Ruhe. Als Lucy endlich fertig war, sagte sie mit fester Stimme: »Ich respektiere deinen Glauben, aber ich teile ihn nicht. Ich respektiere die Bibel, aber ich richte mein Leben nicht danach aus.« Lucy gewann schnell ihre Beherrschung wieder und zog von dannen. Im Laufe des Nachmittags suchte sie die Aussöhnung mit Madge (die ihr gar nicht böse war) und fragte, ob sie ihr nicht mal von ihren Anschauungen erzählen wollte. Madge hatte ihr Recht auf Glaubensfreiheit in Anspruch genommen.

In einer solchen Situation verschafft man sich oft mehr Achtung, wenn man, ohne Verachtung oder Verbitterung zu zeigen, sofort klarstellt, daß man anderer Überzeugung ist, als wenn man zum Schein mitspielt, aber nicht dahintersteht. Wenn man aber im großen und ganzen die Meinung der anderen teilt, dann hat man ein sehr viel heikleres Problem. Angst spielt auch hier mit hinein.

Wenn sich jemand aus deiner Glaubensgemeinschaft über deine okkulten Ansichten oder Praktiken ärgert oder sich gar deswegen ängstigt, dann solltest du bestimmt auftreten, aber jedem Streit aus dem Weg gehen. Stelle lediglich klar, daß du von dem, was du tust, überzeugt bist, und keineswegs um dein Seelenheil besorgt bist. Laß dich aber auf gar keinen Fall in eine Diskussion verwickeln, in der du deine Sichtweise als die einzig wahre darzustellen versuchst (so sehr du auch davon überzeugt sein magst). Dein Gegenüber ist offensichtlich aus irgendeinem Grund noch nicht bereit dafür. Ein Baum muß kräftig wachsen – das ist seine Bestimmung; sein eigenes Holz verleiht ihm Stärke, seine feste Rinde den nötigen Schutz. Junge, zarte Bäume brauchen dagegen manchmal Stützen und Zäune.

Dein Freund ist wahrscheinlich der Meinung, daß einzig seine Stütze oder sein Zaun zu Wachstum verhelfen. Paß auf, daß du nicht in die gleiche Denkfalle gerätst. *Mach deinen Standpunkt klar, beende die Diskussion und laß es dabei bewenden, das heißt, fang nicht wieder davon an.*

Die schwierigen Situationen mit anderen Okkultisten, Familienmitgliedern, Freunden und Bekannten sind natürlich nicht die einzigen, in denen der angehende Okkultist Selbstschutz-Techniken benötigt. (Hier stellt sich dann vermutlich die Frage: »Warum wird jemand überhaupt Okkultist?« Wir können darauf nur eine Antwort geben: »Aus Liebe zu den verborgenen Kräften.«)

Bedauerlicherweise häufen sich insbesondere zu Beginn der seelischen Entwicklung unerwünschte paranormale Erscheinungen, zum Beispiel unerklärliche Geräusche, die vor allem nachts auftreten; Gegenstände im Haus oder anderswo fallen um oder zerbrechen, manchmal schon durch bloßes Anschauen; im Rahmen spontaner außerkörperlicher Erfahrungen erscheint der Okkultist ohne sein Wissen Freunden oder Verwandten; und vieles andere mehr, was sich heutzutage als Poltergeist beschreiben ließe. Während das Mitglied eines Geheimordens auf derlei Situationen entsprechend vorbereitet wird, steht der Schüler, der keinem Orden angehört, solchen Problemen oft ziemlich verstört und hilflos gegenüber.

Und doch haben alle diese scheinbar verschiedenen Erscheinungen eine gemeinsame Ursache: Sie entstehen durch eine unkontrollierte Freisetzung von Energien aus dem Astralkörper des Schülers als Reaktion auf die verschiedenen Übungen zur Entwicklung der Psyche, mit denen er in diesem Lernstadium begonnen hat.

In einem fortgeschritteneren Lernstadium, wo diese Energien durch regelmäßiges Üben entweder aufgefangen oder an ihrem Austritt gehindert werden, sind solche Probleme eher selten; der Anfänger jedoch hat oft erhebliche Schwierigkeiten damit. (In diesem Zusammenhang sei auf die Poltergeistphänomene unter Nichtokkultisten hingewiesen. Diese Spukphänomene treten gehäuft bei Jugendlichen mit einem Überschuß an unkontrollierter und freifließender Energie auf, besonders bei denen, die außersinnliche Fähigkeiten haben oder unter starkem seelischem Druck stehen.)

In solchen Fällen helfen Körperarbeit, Chakraübungen und Energiearbeit auf der körperlichen wie astralen Ebene, die Energie unter Kontrolle zu halten, so wie im physischen Körper der normale Blutdruck eine Blutung zum Stillstand bringen kann. Diese Ausscheidung aus dem Astralkörper – im Gegensatz zu den zuerst ausgestoßenen und später wieder aufgenommenen Astralstoffen – wird daher auch als Astralblutung bezeichnet und kann neben anderen negativen Auswirkungen eine große Erschöpfung herbeiführen, wenn sie nicht eingedämmt wird.

Es ist schwer zu sagen, wie oft der Urheber rätselhafter Klopfzeichen der gleiche ist wie die Person, die diese Klopflaute hört und dann auch tatsächlich deswegen beunruhigt ist. Denn meistens treten die Geräusche nachts auf, wenn die körperliche Betätigung gleich null ist und Materie das natürliche Bestreben hat, aus dem Astralkörper zu entweichen.

Manchmal werden so viele Astralstoffe abgegeben, daß sie zu einem Transportmittel des Bewußtseins werden. In solchen Fällen kann es dann zur unwillkürlichen Bewußtseinsprojektion kommen. Bei einer willkürlichen Projektion verwandelt sich die ausgetretene Astralsubstanz in einen menschlichen Zweitkörper, bei einer unwillkürlichen Projektion dagegen meist nicht, und das Bewußtsein macht dabei die unliebsame Erfahrung, die uns manchmal als Alptraum in lebhafter Erinnerung bleibt, nämlich in einem Zustand der völligen Bewußtheit dahinzutreiben, ohne jedoch fähig zu sein, eine Hand oder einen Fuß zu bewegen.

In einer abgewandelten Form dieses Erlebnisses bildet sich zwar der menschliche Zweitkörper, aber das Bewußtsein bleibt außen vor, so daß niemand davon weiß, es sei denn, die Gestalt wird zufällig von jemand gesehen, der sie erkennt. Im Volksglauben gilt die Erschaffung eines solchen »Doppelgängers« für die Ausgangsperson als unheilvoll, wenngleich die Substanz in den meisten Fällen zu seinem Erzeuger zurückkehrt, ohne Schaden angerichtet zu haben. Das Bewußtsein kann aber auch vorübergehend auf ein taugliches Transportmittel übertragen werden. Soviel zum Thema außerkörperliche Erfahrungen.

Das wirklich gefährliche an Astralblutungen – abgesehen von der anschließenden Erschöpfung und der Verärgerung über die mutwillige Zerstörung seiner Habseligkeiten durch Spukphänomene – sind zusätzlich auftretende Elementale. Wie versessen einige dieser Wesen darauf sind, an menschlichen Energien teilzuhaben, wenn auch zum Schaden aller Beteiligten, erfahren wir in Kapitel 4. Diese Versessenheit läßt sich an vielen Spukphänomenen nachweisen. Zuerst geschehen wahllos irgendwelche merkwürdigen Dinge, die noch recht harmlos sind, wie das Verrücken von Gegenständen. Später wirken dann auch andere Kräfte mit, und die Spukphänomene werden gezielter und gefährlicher.

Anfangs ist es nicht immer leicht, diese Dinge von den Unternehmungen nichtkörperlicher Kräfte zu unterscheiden, die der angehende Okkultist im Ritual unbeabsichtigt heraufbeschworen haben kann; in einem späteren Stadium werden Unternehmungen eines niederen Elementals häufig mit magischen Angriffen eines zornigen Mitmenschen verwechselt.

Wie dem auch sei, wenn du dir ziemlich sicher bist, daß du von irgendwelchen Fremdenergien belästigt wirst, dann stelle alle esoterischen Praktiken zur Anregung der Chakras (egal, um welche es sich handelt) auf der Stelle ein. Beschränke deine Phasen der Zurückgezogenenheit – auch das Meditieren – auf ein Minimum. Verschiebe das Einstudieren neuer und ungewohnter okkulter Verfahrensweisen auf später und konzentriere dich voll und ganz – dreimal täglich – auf die Visualisierung des Lichtturms. (Die beste Zeit dafür ist unmittelbar nach Sonnenaufgang, kurz nach Mittag und direkt nach Sonnenuntergang. Versuche diese Zeiten möglichst einzuhalten.) Da-

durch gelingt es dir, »die Luken dichtzumachen«, wie es in der Seemannssprache heißt, und den Kontakt mit den unsichtbaren Welten abzubrechen, bis du herausfindest, welcher Art die Störung ist und wie du damit umgehen mußt.

Du kannst deine Haltung zusätzlich stärken, indem du auf eine gesunde Ernährung achtest und deine spirituellen Kontakte pflegst; und paß auf, daß du nicht deinen Sinn für Humor verlierst. Entspanne dich bei unterhaltsamer Lektüre oder bei einem lustigen Film, am liebsten im Fernseher: Sie sollten nur nichts mit okkulten Dingen zu tun haben.

Wenn deine Probleme von einer nichtkörperlichen Macht herrühren, die du angerufen hast, dann weißt du wahrscheinlich auch, worum es sich dabei handelt. Erinnere dich: Vielleicht hast du ja ein Ritual durchgeführt, in dem du einen der Planeten oder eines der Elemente aktiviert hast, und diese Kräfte bekommen jetzt durch dich einen ungeheuren Auftrieb. In solchen Fällen wehrt man die übermächtigen Einflüsse am besten mit einem Ritual oder auch mit einer Meditation ab, die diese Kraft auflöst. Wer sich ein bißchen mit dem kabbalistischen Baum des Lebens auskennt, wird diese Gegenkraft schnell ausfindig machen.

Die kabbalistischen Lehren gehen grundsätzlich davon aus, daß böse Mächte vormals gut waren und lediglich aus der Bahn geworfen wurden. Zu diesem Schluß kommt auch Aristoteles, der in seiner *Nikomachischen Ethik* von Tugenden und Lastern berichtet. Wenn dich die von Jupiter kommende Hochstimmung und Trägheit übermannt, solltest du nicht den Fehler begehen, mit aller Macht Mars anzurufen. Es empfiehlt sich, in kleinen Dosen mit der »Einnahme des Gegenmittels« zu beginnen; du kannst die Dosis dann bei Bedarf erhöhen. Eine Meditation reicht oft schon aus.

Nachdem wir die Frage nach den nichtkörperlichen

Mächten kurz angeschnitten haben, geht es nun darum, festzustellen, ob man es mit einem echten psychischen Angriff zu tun hat. Vermutlich hat man es im Gefühl, daß irgendwas nicht stimmt; warum würde man sich sonst darüber wundern.

Als erstes sollte man seine körperliche Gesundheit überprüfen. Das setzt ein Verständnis für das Zusammenspiel von Körper und Psyche voraus; dazu gehört auch die emotional-instinktgebundene Ebene der Psyche, die sich so nachhaltig auf unsere Befindlichkeit auswirkt und uns häufig unterschwellig beeinflußt.

Selbst Dion Fortune unterschätzt zuweilen diese Wechselwirkung. In ihrem bahnbrechenden Werk *Selbstverteidigung mit Psi* schreibt sie: »Findet der Arzt . . . Anzeichen von Beschwerden wie Krampfadern, die offensichtlich keinen Einfluß auf den geistigen Zustand haben können . . .« Krampfadern, die nicht behandelt werden, wirken sich aber sehr wohl auf das Nervensystem aus, denn sie führen zu geistiger Erschöpfung und Depressionen. Und bleiben die Beschwerden im Anfangsstadium unentdeckt, kann das Gefühl von Unwohlsein und Abgespanntheit zusammen mit dem unterschwellig wahrgenommenen Warnsignal ganz eindeutig einen Zustand starker psychischer Belastung hervorrufen.

Unter einer ähnlichen Belastung stehen viele in der Zeit zwischen Ansteckung und Ausbrechen einer Grippe oder einer ähnlichen Krankheit. Davon betroffen sind vor allem Menschen, die höchst selten krank sind und deshalb die Krankheit nicht als solche erkennen. Ihre unmittelbare Reaktion darauf ist dann häufig: »Man hat mich vergiftet« oder »Ich bin das Opfer eines astralen Angriffs«. Die eigentliche Bedeutung von *Influenza* (Grippe) ist »der Einfluß«, so daß sie mit der letztgenannten Vermutung gar nicht so falsch liegen.

Diese Ähnlichkeit zwischen der Anfangsphase einer Krankheit und einem psychischen Angriff ist sehr aufschlußreich. In beiden Fällen leidet man unter vagem

Unwohlsein, Depressionen und empfindet Angst oder Mißtrauen. Bei einer körperlichen Erkrankung hält diese Phase nicht lange an; in der Regel dauert es höchstens eine Woche, bis sich die Krankheit eindeutig auf der körperlichen Ebene äußert.

Ähnlich verhält es sich mit einem psychischen Angriff. Er funktioniert nur, wenn er sich irgendwann auf der psychischen Ebene zu erkennen gibt. *Sobald du also den Verdacht hegst, daß dein Problem psychischer Art ist, solltest du dich ernsthaft mit deinen Träumen beschäftigen.* Dazu ist es sinnvoll, ein Traumtagebuch zu führen, worin du jeden Traum, an den du dich erinnern kannst, schriftlich festhälst. Am besten legst du dir einen Notizblock ans Bett, dann kannst du beim Erwachen deine Erinnerungen an die Träume sofort aufschreiben, eventuell auch Skizzen dazu machen. Das reicht meist, um später in aller Ruhe das Traumerlebnis aufzuarbeiten. Es kann auch hilfreich sein, ständig einen kleinen Notizblock mit sich zu führen, um alle Einzelheiten zu Papier zu bringen, die einem später eventuell noch einfallen. Das fertige Produkt sollte dann das Traumtagebuch mit den überarbeiteten Notizen sein. Zeichnungen oder Bilder – es müssen ja keine Kunstwerke sein – sollten ebenfalls nicht fehlen, damit alles, was du im Traum erlebt hast und was dich besonders beeindruckt hat, möglichst genau wiedergegeben wird. Außerdem kannst du alles, was dir dazu einfällt aufschreiben, wenn es dir wichtig erscheint. Versuche aber auf keinen Fall, deine Träume zu deuten. Mit Therapie hat dies hier nichts zu tun. Der Therapeut will dir helfen herauszufinden, welche Bilder aus deinem Unbewußten aufsteigen; hier soll versucht werden, all das aufzudecken, was in dein Unbewußtes eingepflanzt wurde.

Du spürst in der Regel nur, was dein Widersacher will, eventuell auch nur ein paar Hinweise dazu. Vielleicht spürst du aber auch mehr, als dein Widersacher beabsichtigt, und das kann dir sehr nützlich sein, wenn du feststellen willst, woher dein Problem rührt. Viel hängt von deiner psychischen Aufnahmefähigkeit ab, wichtig ist aber auch, wie ausdauernd und geschickt dich dein Widersacher (astral) beobachtet hat, und seine Vorgehensweise an deine Gefühls- und Vorstellungswelt anlehnt.

Wenn dir diese Vorstellungen oder der ihnen zugrundeliegende Antrieb zu fremd sind, bleibt der Angriff natürlich erfolglos. Das Scheitern kann der Angreifer verhindern, indem er sich »archetypischer Programme« bedient (das heißt, Gefühle und Reize, die nicht persönlichen, sondern allgemein-menschlichen Ursprungs sind).

Für einen auf den einzelnen zugeschnittenen Angriff benötigt der Angreifer jedoch etwas Persönliches von seinem möglichen Opfer, entweder (wie bei der traditionellen Zauberei) einen verbindenden Gegenstand – Haare, abgeschnittene Fingernägel oder ein zerrissenes Kleidungsstück – oder psychisches Material, das heißt, er muß mit den Schwächen und Eigenheiten seines Opfers vertraut sein.

Wenn der Angriff auf eine nichtmenschliche Einwirkung zurückgeht, ist zu bedenken, daß Elementale, obwohl nicht sonderlich intelligent und von Natur aus anderen Instinkten und Urbildern als wir Menschen ausgesetzt, eine scharfe Beobachtungsgabe sowie ein außergewöhnliches Talent zur Nachahmung besitzen. Außerdem gibt es bestimmte Techniken, mit denen ein menschlicher Angreifer – entsprechende Kenntnis und Bösartigkeit vorausgesetzt – als »künstliches Elemental« auftritt oder gar einen echten Elementargeist derart beherrscht, daß er diesen dazu bringt, von der ausersehenen Person Besitz zu ergreifen. Das Elemental muß in diesem Fall aber entsprechend vorbereitet worden sein, so wie Radiästhesisten ihr Pendel oft mit einer Probe des zu untersuchenden Stoffes bestücken.

Somit ist ein psychischer Angriff nie ganz einseitig. Der Angreifer benutzt etwas von dir, um etwas von sich in deiner Psyche zu verankern. Ob und wann dieser Austausch stattfindet, ist ungewiß. Der Hauptunterschied zwischen dir und deinem Angreifer besteht darin, daß der Angreifer die Situation scheinbar unter Kontrolle hat.

Es kostet allerdings viel Zeit, Überlegung und Energie, einen psychischen Angriff zu starten, und *wer immer diesen Aufwand betreibt, um dich anzugreifen (sei es, um dich leiden zu sehen, um dich dazu zu bewegen, deine Arbeitsstelle oder dein Haus aufzugeben oder aus anderen Gründen), der hat bis zu einem gewissen Grad bereits die Kontrolle über die Situation verloren, und der Angriff ist eher ein Versuch, diese Kontrolle zurückzugewinnen.* Allein diese Überlegung sollte genügen, die Moral des Opfers zu stärken. Doch moralische Stärkung ist längst nicht alles, so sehr sie auch hilft.

Jede psychische Übermittlung, bei der zwischen Übermittler und Empfänger ein Kanal geöffnet werden muß, führt auch zu einer Form von Austausch: Der Übermittler ist auf eine Art auch Empfänger, zumindest besteht eine Neigung dazu. Für die klassische Psychologie beispielsweise ist der Sadist auf einer tieferen Ebene gleichzeitig auch Masochist, und Opfer, die das spüren, drehen den Spieß einfach um.

Das erklärt auch, warum der Angreifer vorsichtshalber oft ein Elemental für seinen Angriff benutzt. Wenn also das Opfer oder jemand, der ihm zur Seite steht, den Spieß einfach umdreht, kann es passieren, daß der Gegenangriff den Falschen trifft. Deshalb solltest du alle dir zur Verfügung stehenden Informationen aus deinen Träumen und anderswoher zusammentragen und dir in schwierigen Fällen unbedingt einen geeigneten Helfer suchen. Nur so wirst du erkennen, welche Maßnahmen zu deiner Befreiung nötig sind.

Du kannst einen Angriff zum Beispiel dadurch abwehren, daß du den Energiestrom zurückschickst. Wie das geht, erfährst du später. Hier geht es darum, die Situation gar nicht erst entstehen zu lassen, sie also zu verhindern.

Schutzmaßnahmen gegen Aura- und Psychovampire: Zunächst visualisierst du den Lichtturm, um deine Aura zu stärken. Vermeide jedoch alles, was dein psychisches Bewußtsein »lahmlegt«, es sei denn, du fühlst dich bedroht. Je eher du eine mögliche Gefahr erkennst, desto schneller und besser kannst du dich in Sicherheit bringen.

Du kannst jedoch einige Vorsichtsmaßnahmen treffen, sobald du weißt oder vermutest, daß irgend jemand, der einen Groll gegen dich hegt, magische Fähigkeiten besitzt. Es ist nicht nötig, dieser Person mit Feindseligkeit zu begegnen (was ohnehin unklug ist; außerdem könntest du dich auch täuschen, was den Groll und die magischen Fähigkeiten betrifft), doch ist es angebracht, unauffällig aber sinnvoll, Zurückhaltung zu üben.

1. Sei noch vorsichtiger als sonst, was deine persönlichen Dinge angeht. Also keine ausgekämmten Haare oder benutzte Taschentücher herumliegen lassen. Dasselbe gilt für Kämme oder Spiegel, Fotos von dir oder Kippen, für den Fall, daß du rauchst. Solltest du der betreffenden Person einen Brief schicken müssen, dann darfst du weder das Briefkuvert noch die Briefmarke ablecken.
2. Gib keine Informationen von dir preis, weder an die betreffende Person noch an Freunde, die nichts Böses ahnend ausgefragt werden könnten. Das gilt auch für dein Geburtsdatum. Ist das Datum aufgrund von Geburtstagsfeiern in deinem Bekanntenkreis bekannt, solltest du dennoch versuchen, das Geburtsjahr bzw. dein genaues Alter geheimzuhalten, oder dich zumindest aus allen Gesprächen rauszuhalten, in denen es um deine Geburtsstunde gehen könnte. (Eine sehr auf ihre Sicherheit bedachte Dame gab jahrelang vor, neun Tage früher als in Wirklichkeit Geburtstag zu haben, wodurch sie einem anderen Sternzeichen angehört hätte. Deshalb konnte sie ihre Geburtsstunde und das Jahr auch unbesorgt ausplaudern.) Also nicht vergessen: Das Horoskop ist persönliches Eigentum.

Du solltest zum Beispiel auch nicht erzählen, zu welchem Frisör du gehst; wechsle, falls nötig, den Salon.

3. Laß dich nicht dazu verleiten, der betreffenden Person Gastfreundschaft zu gewähren. Fühle dich unter keinen Umständen genötigt, ihr etwas zu essen oder zu trinken anzubieten oder sie im Auto mitzunehmen, und lade sie auf keinen Fall in dein Haus ein. Angenommen, der oder die Betreffende ist ein völlig harmloser Zeitgenosse, zeugt das zwar nicht gerade von guten Umgangsformen deinerseits, aber das solltest du in Kauf nehmen. Du darfst diesbezüglich kein Risiko eingehen, denn angenommen, dein Gegenüber will dir wirklich was Böses, dann versteht der- oder diejenige sofort, wie es um dich steht.
4. Wenn du schon alles tust, um deinem Widersacher nichts Persönliches von dir in die Hände fallen zu lassen, solltest du aber auch tunlichst vermeiden, etwas von ihm anzunehmen. Es gibt da einen Trick, von dem Zauberer manchmal Gebrauch machen, um eine Person vom anderen Geschlecht zu entwaffnen und in die Falle zu locken; aber auch Hexen verwenden ihn, um Frauen zu überlisten (dazu bedarf es allerdings einer sehr gefühlsgeladenen Atmosphäre). Dieser Trick funktioniert folgendermaßen: Zuerst wird ausgehend von einer bestehenden Feindseligkeit ein handfester Streit entfacht. Es spielt dabei überhaupt keine Rolle, welche Partei im Recht ist. Nach einer Weile zeigt sich der Zauberer sehr betroffen und entschuldigt sich bei seinem Gegenüber mit einem kleinen Geschenk, meist mit einer Kleinigkeit, einer Brosche, einem Schal oder auch mit Süßigkeiten. Doch dieser Gegenstand wurde vorher entsprechend behandelt; mit ihm gelingt es dem Zauberer, sich bei dir einzunisten. Am besten läßt du dich erst gar nicht in den Streit hineinziehen, selbst wenn es dich reizt, deine Gefühle zu zeigen. In einer solchen Situation

darfst du dich nicht reizen lassen, bleib also ganz cool. Wenn du einen Gegenstand besitzt, den man dir auf diese Weise oder unter anderen merkwürdigen Umständen untergeschoben hat, oder ein Gegenstand dir auf die Nerven geht oder einen schädlichen Einfluß auf dich hat, dann sieh zu, daß du ihn loswirst. Suche keine vernunftbestimmte Erklärungen für die Situation. Verbrenne den Gegenstand, wenn es geht, oder wirf ihn in einen tiefen Fluß. Wenn er beschwert werden muß, befestige ein Gewicht daran, entweder mit einer Schnur aus Nylon oder einem anderen haltbaren Material. (Ein sehr kleiner Gegenstand läßt sich schnell und bequem in der Toilette entsorgen: Man spült ihn einfach hinunter.)

Kleine Gegenstände werden dir zuweilen auch ohne dein Wissen »angehängt«. Wenn du zum Beispiel deinen Mantel für alle zugänglich irgendwo hinhängst, darfst du später nicht vergessen nachzuschauen, ob zwischen Futter und Stoff etwas versteckt ist. Beseitige auch alle dir unbekannten Schlüssel. (Leider können sich die meisten nicht von ihnen trennen.) Allseits beliebte Verstecke für verhexte Gegenstände sind unter Treppenläufern und an der Unterseite von Tischen oder Matratzen.

Diese Gegenstände sind insofern von Bedeutung, als sie ihre Besitzer psychisch beeinflussen können. Die Beeinflussung wirkt auch, wenn die verdächtige Person außer Sichtweite ist, und du dich deshalb nicht vorsiehst. Bisweilen hört man von Gegenständen, die mit einer ungewöhnlichen Macht versehen sind, von Gegenständen, die aufgrund der ihnen innewohnenden Kräfte unzerstörbar sind, wie zum Beispiel einige ägyptische Reliquien. Mit derlei Dingen werden wohl die wenigsten von uns je in Berührung kommen, und was die verhexten Gegenstände betrifft, so kann man die meisten irgendwie loswerden oder in seltenen Fällen gegebenenfalls auch einer magischen Reinigung

unterziehen.
Wenn du mit jemand redest, von dem du annimmst, daß er okkulte Fähigkeiten besitzt, oder dem du zu Recht mißtraust, mache dir deine Aura bewußt – strahlend und undurchdringlich wie eine dicke blaue Glasscheibe zwischen dir und deinem Gegenüber. Vergiß auch nicht das eigens von dir gewählte Schutzzeichen (s. S. 71) auf deiner Stirn.
Wenn der Betreffende gegangen ist, und du dich nicht mehr seinem Einfluß ausgesetzt fühlst, kannst du deine Aura aus deinem Bewußtsein ausblenden, wohl wissend, daß sie dich weiterhin schützend umgibt. Konzentriere dich auf andere Dinge, treibe Sport, iß etwas Gutes und Nahrhaftes, ruh dich aus, unternimm was Schönes mit deinen Freunden.
Visualisiere zu guter Letzt vor dem Schlafengehen den Lichtturm, und genieße anschließend den Frieden der Nacht.

Nachdem wir die Probleme, mit denen angehende Okkultisten zu kämpfen haben oder für die sogenannte Zauberer verantwortlich sind (Menschen mit angeborenen und unkontrollierten okkulten Kräften) kurz umrissen haben, wollen wir uns Schwierigkeiten zuwenden, die zwar ähnlich geartet sind, im allgemeinen aber wenig Beachtung finden und die in Religionsgemeinschaften und deren Umfeld anzutreffen sind.

Daß ihnen so wenig Beachtung zuteil wird, liegt nicht so sehr am Bestreben der Gläubigen, alles zu vertuschen, was nicht in ihre Vorstellungswelt paßt, als vielmehr an der oft herrschenden Verständnislosigkeit gegenüber dem Erlebten. Selbst heute glauben viele Menschen, die einer Religion angehören (und in diesem Zusammenhang ist vorrangig die christliche Religion gemeint), nur an Gott und den Teufel und an die unzähligen Seelen, die entweder in Menschengestalt auf der Erde wandeln oder vorbestimmten Wegen im Jenseits folgen. Kindern wird allenfalls noch ein Schutzengel zugestanden. Manche Glaubensgemeinschaften können sich ein unaufdringliches Eingreifen von Heiligen vorstellen, während Alkoholiker, Ehebrecher und Ungläubige gemeinhin vom Teufel besessen sein sollen. Für die Mehrzahl der Kirchgänger scheint damit der Bereich des Übernatürlichen erschöpft. Was nicht heißen soll, daß sie Spukphänomene und andere merkwürdige Begebenheiten nicht aus eigener Erfahrung oder zumindest vom Hörensagen kennen, doch schenken sie ihnen keine Beachtung und berücksichtigen sie auch nicht im Hinblick auf ihre Glaubensvorstellungen.

Gläubige Menschen unterscheiden sich vom Okkultisten hauptsächlich darin, daß sie beten. Die spirituellen Fähigkeiten der Gläubigen sollten darunter eigentlich nicht leiden, tun es aber doch relativ oft.

Die Schwierigkeit liegt unter anderem darin, daß eine ganze Reihe von Gläubigen nicht sieht, wofür sie beten sollten. Ein erfahrener Pastor oder Pfarrer kann helfen, indem er die Worte »Lasset uns beten für die Kranken« durch ein paar Nachsätze mit Bildern von der Genesung verdeutlicht und der Gemeinde anschließend Zeit läßt, diese Vorstellungsbilder aufzugreifen. »Lasset uns beten für uns selbst« sollte ein selbstverständliches Anliegen der Gläubigen sein. Wenn den Gläubigen wirklich etwas an Nächstenliebe und ihrer eigenen Entwicklung liegt, sollten sie sich zumindest gedanklich damit auseinandersetzen, um somit eine klare Vorstellung davon zu bekommen, wo Verbesserungen möglich sind oder wo vorhandene Stärken und Fähigkeiten Unterstützung brauchen. (Es liegt uns fern, anderen Leuten vorzuschreiben, wie sie ihre Religion auszuüben haben, aber auf eins möchten wir hinweisen: Wenn dir wirklich nichts anderes einfällt als »Herr, du weißt besser als ich, was mir fehlt« zu beten, dann nutze die Zeit lieber für ein Dankgebet oder eine Lobpreisung.) Denn wie alles menschliche Handeln bewirkt zwangsläufig auch das passivste aller Gebete irgend etwas – wenn auch vielleicht nicht das Gewünschte. Was aus diesem Etwas wird, ist eine andere Frage, und in der Antwort liegt der wahre Grund für die vielen seelischen Probleme, unter denen religiöse Menschen so oft leiden: freigesetzte, jedoch ungenutzte Energie.

Dazu ist folgendes zu sagen: *Energie ist einfach nur Energie.* Das ist eine Tatsache, die wir als gegeben hinnehmen müssen, so wie sie auch der Physiker akzeptieren muß, ganz gleich, ob eine bestimmte Energiemenge sich in Wärme, Licht, Schall oder Bewegung ausdrückt.

In bezug auf den Menschen verwenden wir Begriffe wie menschliche Energie, spirituelle Energie, körperliche Energie, psychische Energie, sexuelle Energie und ähnliches. Auf der Instinkt- und Gefühlsebene wird Energie immer dadurch geprägt, wie und wo sie sich äußert oder zuletzt geäußert hat, vergleichbar einem Wasserkessel, der nach dem Kochen heiß bleibt, oder einem Schrei, dessen Echo in den Bergen widerhallt oder in Schallwellen weitergetragen wird. Doch alle diese Energieformen sind veränderlich. Und so wie nichts dagegen spricht, daß die Energie eines Wasserfalls ein Feuer entzünden kann, spricht auch nichts dagegen, daß die in einem achtlos dahingesprochenen Gebet freigesetzte Energie sich in Zank und Streit offenbart, in sexuellen Reizen oder gar in Poltergeistphänomenen.

In gutgeführten tatkräftigen Gemeinden, in denen alle Altersgruppen mitwirken, die Zugehörigkeit anregend wirkt, Gebete erhört werden und eine angenehme Atmosphäre der Zufriedenheit herrscht, ist selten mit solchen paranormalen Unannehmlichkeiten zu rechnen. Außerhalb dieses Bannkreises kann sich aber unerwartet der eine oder andere Konflikt zusammenbrauen.

Die traditionelle Kirche, in der die Mitglieder im Grunde gar keine funktionierende Religion wünschen, sondern beten wollen, der Sünde aus dem Weg gehen und das irdische Jammertal möglichst unbehelligt hinter sich bringen wollen, krankt nicht selten an Spukerscheinungen oder an einer merkwürdigen Verzerrung der normalsten Gefühle, vergleichbar einem stillen Wasser, unter dessen regloser Oberfläche seltsame Dinge passieren. Hier kann allein eine Öffnung Abhilfe schaffen, die Licht, Bewegung und neue Betätigungen zuläßt.

Am anderen Ende der Leiter finden wir die Anhänger der Erweckungsbewegung, für die alles denkbar und möglich ist. Allein das Vorhandensein solcher Gruppen läßt die Traditionalisten dankbar verkünden »Wir sind nicht so wie die«, und doch haben beide Pole so ziemlich das gleiche Problem: ungelenkte Energien, in größeren oder kleineren Mengen.

Soviel zu den Vorfällen, die sich zuhauf ereignen. Ein letzter Hinweis sei noch gestattet. Was passiert mit den Leuten, die emotionale oder andere psychische Probleme haben und in eine derart aufgeladene Atmosphäre hineingeraten? Solche Menschen zieht es förmlich hin zu Religion und Okkultismus, nur sind sie im Okkultismus völlig fehl am Platze.

Schuld daran ist auch hier die Angewohnheit vieler Leute, ihre unbewußte Ebene der Psyche als Mülltonne zu benutzen. Alle Seiten, die wir an uns nicht mögen, alle Dinge, die wir seit unserer Kindheit am liebsten ungeschehen machen würden, werden vorzugsweise dort abgeladen. Wir können uns dazu zwingen, sie zu vergessen. Ein solches Verhalten beschränkt sich nicht nur auf einzelne Menschen: Ganze Gemeinschaften können zum Beispiel stillschweigend darin übereinkommen, daß sie diesen oder jenen Fehler einfach nicht haben. Das führt dann häufig zu dem, was Psychologen Projektion nennen. Die Fehler, die man sich auch nicht im entferntesten eingestehen will, werden anderen zugeschrieben, vorzugsweise denen, die als völlig anders eingestuft werden. Viele Vorurteile gewinnen dadurch an Boden – Vorurteile gegen das eine oder andere Geschlecht, gegen die eine oder andere Klasse oder Rasse.

Dieses Verhalten kann jedoch bei einem sehr beeinflußbaren Gefühlsmenschen dazu führen, daß ein ganzer Bereich der Psyche verleugnet wird, weil er irgendeiner Norm nicht entspricht und deshalb unerwünscht ist. Das kann dann so weit gehen, daß der unliebsame »Splitter« sich vom bewußten Selbst löst und aufgrund der noch vorhandenen Lebensenergie anfängt, ein Eigenleben zu führen, das mit der normalen Persönlichkeit nichts mehr zu tun, ja, ihr sogar feindlich gegenübertritt.

Leute, die aufgrund irgendwelcher (meist unberechtigter) Schuldgefühle glaubten, vom Teufel besessen zu sein, waren nachweislich weder besessen noch verblendet, sondern das Opfer jenes abgespaltenen Teils ihrer eigenen Psyche.

Das Problem, das isoliert betrachtet schon die volle Aufmerksamkeit eines okkulten Meisters, Geistlichen oder Psychotherapeuten verlangt, ist noch weitaus schlimmer, wenn es das Mitglied einer kleinen, starren, aber wenig zielgerichteten Gemeinschaft betrifft. Menschen mit hellseherischen Fähigkeiten sehen diesen abgespaltenten Teil der Psyche mitunter so, als wäre er wirklich etwas Eigenständiges, doch ein erfahrener Okkultist kennt die Zusammenhänge. Hinzu kommt, daß der sogenannte Splitter aus den brachliegenden Energien der Gemeinde zusätzlich Kraft und Unabhängigkeit gewinnt. Das Opfer besucht dann meist möglichst viele Gottesdienste, nach denen es sich »wesentlich besser fühlt«, weil dadurch auch andere als nur seine eigenen Energien angezapft werden. Ohne jemanden mit klarem Verstand und einer festen Hand bricht dann leicht eine sogenannte Massenhysterie aus.

Ungenutzte Energie, die ihr Ziel verfehlt, kann innerhalb der Gemeinde eine Vielzahl von psychischen Leiden verursachen oder schon bestehende verschlimmern. Was aber ist mit dem Anführer der Gemeinde? Schauspieler wissen um die berauschende Kraft, die vom Publikum ausgeht, wenn der Darsteller »in Form ist«, um die Kraft und den Einfallsreichtum auf der Bühne; sie wissen, wie man die Wogen der Energie einfangen, formen und steuern muß. Aber die Arbeit auf der Bühne unterscheidet sich gewaltig von der eines religiösen Führers, und ein von Energie trunkener Pastor kann nicht die gleichen Zugeständnisse erwarten, die das Publikum dem Künstler gewährt.

Und was ist, wenn jemand in dieser Stellung psychisch anfällig oder sonstwie labil ist? Wieviel Menschen sind dann davon betroffen? Wenn ein Schauspieler die Energien des Publikums so bündeln und umwandeln kann, daß das gesamte Publikum im richtigen Augenblick in Tränen ausbricht, obwohl die Zuschauer auf einer tieferen Ebene wissen, daß alles nur Spiel ist, dann ist das eine hervorragende schauspielerische Leistung. Doch wenn unter den gegebenen Umständen eine treu ergebene Gemeinde im Verfolgungswahn ihres Pastors aufgeht, dann haben wir ein neues Jonestown.

Welche Maßstäbe gelten demnach für spirituelle Führer und ihre Anhänger? Gibt es eine Norm, an die man sich halten kann, trotz der unterschiedlichen Glaubensbekenntnisse, Praktiken und Meinungen, die es zu respektieren gilt – auch unter Berücksichtigung der Tatsache, daß psychische Normalität einen weiten Bereich umfaßt und daß menschliche Handlungen und Umgangsformen nicht immer vorhersagbar sind?

Ein wichtiger Test ist erfahrungsgemäß die Frage nach dem Recht auf persönliche Weiterentwicklung. Haben die Anhänger, unabhängig von Gehorsam und Disziplin, ein Anrecht zu reifen und der Jüngerschaft zu entwachsen? Jeder normale Erwachsene hat das Recht darauf. Ein religiöser Führer sollte wie ein Elternteil an die Zukunft denken, daß heißt, den Tag vor Augen haben, an dem der Schüler zum gleichberechtigten Partner wird und der Bewegung weiterhin treu bleibt – nicht aus innerem oder äußerem Zwang, sondern aus Liebe und aus der Überzeugung, das Richtige zu tun.

Merke

- Hüte dich vor Psychovampiren! Vergiß nicht, viele von ihnen sind kranke Menschen, die oft gar nicht wissen, daß sie anderen Energie rauben. Du kannst ihnen helfen, indem du erst einmal dich selbst schützt und dann weitersiehst.

- Visualisiere weiterhin fleißig den Lichtturm, um deine Aura zu stärken.

- Vergeude dein Leben nicht! Übertrage die Verantwortung deinem Höheren Selbst, und verfolge fest entschlossen deine wichtigsten Ziele.

- Beschäftige dich nicht nur so nebenbei, sondern wirklich ernsthaft mit Okkultismus, und genieße seinen Schutz, oder halte dich ganz raus.

- Wenn du zu deinem Schutz ein besonderes Zeichen verwendest, visualisiere dieses Zeichen in blauem Licht vor deiner Stirn, wenn du dich stark bedroht fühlst.

- Wenn du etwas getan hast, wofür du dich schämst oder schuldig fühlst, schau voller Liebe, Mitgefühl und Humor auf dein niederes Selbst, verzeih dir, und fang noch einmal von vorne an.

- Wenn du das Gefühl hast, einem psychischen Angriff ausgesetzt zu sein, prüfe zuerst, ob du nicht selbst für die Lage verantwortlich bist, sei es durch Astralbluten oder durch körperliches Unwohlsein. Achte auf deine Träume. Führe ein Traumtagebuch, um verdächtige nächtliche Störungen aufzudecken. Achte strikt auf deine Psychohygiene. Gib einer verdächtigen Person nichts von dir, und nimm auch nichts von ihr an. Baue deinen Schutzschild weiter aus. Wenn du irgendeiner okkulten oder religiösen Vereinigung beitrittst, vergewissere dich vorher, ob man dich »erwachsen werden« läßt.

Kapitel 4

Das Wichtigste auf einen Blick

1. Laß dich von der Vernunft und nicht von Gefühlen leiten. Gefühle sind Nahrung für die Astralebene und sollten nur verwendet werden, um dir Kraft und Stärke für deine astrale Arbeit zu geben. Gefühle der Angst und Begierde schwächen dagegen deine Aura, indem sie die Vorstellungskraft in der verkehrten Richtung anregen.
   - Gestärkt ist deine Aura ein unverwüstlicher Schutzschild gegen Angriffe von außen; sie kann aber *nur* das aussperren, was *von außen* kommt.
   - Phantasiebilder können entsprechende Kräfte innerhalb deiner Aura auf sich ziehen.
   - Befreie dich von unerwünschten Vorstellungsbildern, indem du positive Kräfte visualisierst, die diese Bilder zerstören.
   - Lenke deine Aufmerksamkeit auf etwas anderes.
2. Manchmal erfolgen psychische Angriffe durch ein Elemental, das die Gestalt eines anderen Menschen oder Lebewesens annimmt, um dein Vertrauen zu gewinnen. Gelingt ihm dies, lädst du es praktisch ein, deine Aura unbehelligt zu durchqueren.
   - Viele Elementale sonnen sich in menschlichen Gefühlen, manche haben auch gelernt, Gefühle bei dafür anfälligen Menschen bis zum Exzeß zu treiben. Somit sind sie auch verantwortlich für einige Formen von Alkoholismus und für die schlimmen Wahnvorstellungen im Delirium tremens.
   - Menschen, die von solchen Elementalen verführt wurden, sitzen hoffnungslos in der Falle, weil ihre Aura von innen aufgebrochen wurde. Ihnen kann

geholfen werden, indem ein anderer den Lichtturm für sie visualisiert.

- Satyre und Nymphen zählen zu den Elementalen, die von sexuellen Energien leben, indem sie sexuelle Ausschweifungen und auch Vergewaltigungen herbeiführen. (Wir haben noch eine Menge zu lernen über die paranormale Seite von Verbrechen und Gewalt.)
- Inkuben und Sukkuben sind im Grunde keine Elementale, sondern Splitterpersönlichkeiten, die die verdrängte Sexualität eines Mannes oder einer Frau, ob tot oder lebendig, verkörpern.

3. Bildzauber ist auch eine Form von psychischem Angriff, bei dem ein Bild, meist in Form einer Puppe, stellvertretend für das Opfer so behandelt wird, wie es mit dem Vorbild beabsichtigt ist. Über eine magische Verbindung überträgt sich die Behandlung des Bildes auf das mögliche Opfer.
   - Falls du dieses Bild zu fassen kriegst, unterbrich den Zauber durch eine geeignete Visualisierung, die die bestehende Verbindung zerstört, reinige das Bild, und verbrenne es anschließend, wie es im Text beschrieben wird.
   - Falls du den Verdacht hegst, daß ein Bildzauber mit Voodoo-Puppen gegen dich im Gang ist, du das Bild aber nicht zu fassen bekommst, mußt du trotzdem die Verbindung zu dir zerstören, wie es im Text geschrieben steht.
   - Stärke deine Aura weiterhin durch die regelmäßige Visualisierung des Lichtturms.
   - Übe dich in »kreativem Visualisieren«, nutze deine Phantasie, um positive Bilder zu erzeugen von etwas, was du dir wünschst. Wenn deine Vorstellungskraft gefördert wird, ist sie weniger anfällig für Störungen von innen.

Die Schwachpunkte der Psyche

Die gestärkte Aura eines körperlich und seelisch gesunden Menschen (wobei die seelische Gesundheit die wichtigere von beiden ist) ist unangreifbar. Sie ist ein leuchtender Schutzschild, der jeden psychischen Angriff, aber auch Angriffe auf körperliche Ebene, abwehren kann.

Die Aura kann dich jedoch nicht ausreichend schützen, wenn du sie selbst von innen schwächst. Dein Verstand wird das nie zulassen, wohl aber deine Gefühle. Auf diese spezielle Situation werden angehende Okkultisten entsprechend vorbereitet. Sie werden darauf getrimmt, ihre Gefühle unter Kontrolle zu halten. Sie sollen nicht wie ein Roboter funktionieren, sondern lernen, ihr Schicksal selbst zu bestimmen.

Die Gefühle, die die Zerstörung deiner Aura vorantreiben, lassen sich in zwei Hauptgruppen unterteilen, wenngleich sie im richtigen Leben selten in Reinkultur vorkommen. Die Rede ist von Verlangen und Angst. Obwohl sie grundverschieden sind (Anziehung und Abstoßung – dazwischen liegen Welten), haben sie eins gemeinsam: Sie können dazu benutzt werden, deine Verteidigung zu schwächen. Sie bringen dich dazu, deine Phantasie im falschen Moment zu benutzen.

Deine Aura kann nur das von dir fernhalten, was von außen kommt. Sie kann dich nicht vor dem bewahren, was bereits in dir steckt oder sich dort eingenistet hat. Wenn du vor deinem geistigen Auge ein Bild entstehen läßt, kann dieses Vorstellungsbild entsprechende Kräfte von außen anziehen, die dann unter Umgehung der Aura direkt auf die Psyche einwirken. Dasselbe gilt auch für Situationen, in denen gar keine magische Beeinflussung stattfindet. Sollte aber jemand versuchen, dich mit okkulten Mitteln zu beeinflussen, ist die Wirkung um ein Vielfaches stärker.

Wenn du also etwas fürchtest oder begehrst, ohne daß du es wirklich willst, vermeide es, dir ein klares Bild davon zu machen. Gesteh dir deine Angst ein, gesteh dir deine Wünsche ein, worum immer es sich handeln mag, aber male es dir nicht aus, stell es dir nicht lebendig vor.

Sobald Angst- oder Wunschvorstellungen in dir hochkommen, löse sie auf, zerstreue sie, konzentriere dich auf etwas anderes, ein Hobby, einen Film oder ein spannendes Buch.

Kreatives Visualisieren ist aber nicht nur sinnvoll, wenn es darum geht, willentlich erwünschte Vorstellungen entstehen zu lassen, es eignet sich auch hervorragend zu Verteidigungszwecken, zum Zerstören unerwünschter Bilder. Es gibt verschiedene Möglichkeiten, dies zu tun, aber wichtig ist entschiedenes Handeln. Und da dies bei einer positiven Handlung leichter fällt als bei einer negativen, bietet es sich an, die positive Visualisierung mit einer konkreten Vorstellung davon zu verknüpfen, wie du das unerwünschte Bild verschwinden läßt.

Um ein sofortiges Ergebnis zu erzielen, stellte sich jemand ein leuchtendes rotes X quer über den Bildern vor, die gelöscht werden sollten. Dadurch wurden die Bilder gelöscht, getilgt, und auch das X löste sich nach kurzer Zeit auf.

Ein anderer gelangte zu dem gleichen Ergebnis, indem er ein »dunkles Gitter« über dem unerwünschten Bild visualisierte. Anschließend stellte er sich vor, wie die einzelnen Bildteile immer weiter auseinanderdrifteten und dabei immer mehr schrumpften, bis sie nicht mehr zu erkennen waren.

Es ist im Grunde egal, wie die Auflösung zustande kommt, aber eins haben die genannten Beispiele gemeinsam: Die visualisierende Person nimmt die Dinge in die Hand und bestimmt, was mit den unerwünschten Bildern geschehen soll.

Diese Übung ist nicht nur ein gutes psychisches Training, durch sie wirst du auch frühzeitig gewarnt, falls jemand versuchen sollte, (beispielsweise durch Suggestion oder Gedankenübertragung) eine bildliche Vorstellung in deiner Psyche zu verankern.

Mit der Zeit gewöhnst du dich an die Auflösung willkürlicher Bilder und an die Geschwindigkeit, mit der dies passiert. Jede hartnäckige oder sonstwie ungewöhnliche Vorstellung sollte dir verdächtig sein.

Wenn jedoch Schwierigkeiten auftreten, solltest du alles daransetzen, die Vorstellung zu verbannen. Im Grunde würde es schon reichen, wenn du sie nicht beachten würdest, aber wenn du damit etwas Anziehendes oder Abstoßendes verbindest, ist es keineswegs einfach, ein gleichgültiges Verhalten an den Tag zu legen. *Sieh also zu, daß du die Vorstellung los wirst oder verwandle sie vor deinem geistigen Auge in etwas anderes, sobald sie in dein Bewußtsein dringt* (was auf dasselbe hinausläuft); vermeide jeglichen psychischen Einfluß und visualisiere den Lichtturm.

In den meisten Fällen reicht das schon aus. Das abgewehrte Bild kann letztendlich nur zum Absender zurückkehren, und was dann geschieht, hängt ganz davon ab, welche Absichten derjenige damit hegt, ob er von dir Besitz ergreifen will. Die Absichten sind keineswegs immer, jemanden zu töten, und die Ausgänge oft recht unterschiedlich. Ein uns bekannter Fall sorgte im Nachhinein für Heiterkeit, obwohl er alle Beteiligten zum damaligen Zeitpunkt sehr mitnahm.

Yvonne, daran gewöhnt, ein sorgloses Witwendasein zu führen, hatte auf einmal eine Pechsträhne nach der anderen, war aber nicht gewillt, ihren Lebensstil zu ändern bzw. ihre Ansprüche herunterzuschrauben. Eine Zeitlang war sie Mitglied eines bedeutenden okkulten Ordens gewesen, doch nachdem sie dort einige Techniken gelernt hatte, war sie wieder ausgetreten. Um ihre finanzielle Notlage zu beenden, beschloß sie im stillen, einer Freundin die Zwangsvorstellung »Hilf Yvonne« aufzudrücken. Daß sie ihr okkultes Wissen nicht mißbrauchen durfte, war ihr wohl bewußt, aber besagte Freundin Brenda stammte aus einer begüterten Familie und könnte ihr diesmal gewiß helfen, ohne Unannehmlichkeiten zu bekommen (so dachte jedenfalls Yvonne).

Da wurde Brenda überraschend krank. Sie verfiel in einen großen Erschöpfungszustand und zeigte Anzeichen von Angst, obwohl sie nicht wußte, weshalb sie sich ängstigte. Unter ihren Freunden waren auch einige Okkultisten. Als die Ärzte sich keinen Rat mehr wußten, nahmen zwei ihrer Freunde eine mediale Untersuchung vor. Und sie wurden tatsächlich fündig: Sie entdeckten eine astrale »Einpflanzung « die sie herausholten und die dann in Form einer glasartigen Kugel quer durch den Raum schwebte. Als einer der Okkultisten ein Bannzeichen machte, verschwand die Kugel mit einem metallischen Klirren, doch in dem Augenblick, bevor sie sich ihren Blicken entzog, drehte sie sich um ihre eigene Achse, und auf der anderen Seite kam Yvonnes Bild zum Vorschein.

Die Freunde waren wie vor den Kopf geschlagen. Sie wollten einfach nicht glauben, daß Yvonne ihrer Freundin etwas Böses antun könnte. Als sie Brenda erzählten, was sich zugetragen hatte, war sie zwar erschüttert, bestand aber darauf, in Erfahrung zu bringen, daß Yvonne beim Rückprall ihrer Gedankenform nichts passiert war. Deshalb telefonierten sie mit zwei anderen Okkultisten und baten diese ohne nähere Erklärung, sich telefonisch bei Yvonne zu erkundigen, ob alles in Ordnung sei.

Nach Erledigung des Auftrags riefen die Helfer sofort zurück, ihrerseits ratlos und verwundert. Yvonne war anscheinend ganz benommen und irgendwie gedankenverloren gewesen, hatte ihnen aber völlig unvermittelt am Telefon gesagt, sie habe vor, sich am nächsten Tag eine Stelle zu suchen.

Das waren in der Tat interessante Neuigkeiten, und um herauszufinden, was diesen plötzlichen Sinneswandel bei Yvonne bewirkt hatte, wurde schnellstens ein Treffen mit allen Beteiligten vereinbart.

Yvonne war entsetzt, als sie hörte, was mit Brenda passiert war, und gestand sofort ihre Schuld. Das war zuviel für Brenda. »Yvonne, ich hätte dich schon längst einmal gefragt, ob du Geld brauchst, aber ich kann wirklich nichts für dich tun. Ich bekomme nur ein paarmal im Jahr von meiner Familie kleinere Zinsbeträge für das angelegte Kapital. An das eigentliche Kapital komme ich nicht ran, und ansonsten habe ich nur meinen Teilzeitjob. Vermutlich bin ich deshalb auch so krank geworden. Ich hätte dir wirklich gern geholfen, wenn ich gekonnt hätte.«

Nach diesen Enthüllungen war allen klar, was Yvonne widerfahren war. Ihr Hilferuf an Brenda war zu ihr zurückgekommen und hatte sie mit der gleichen Wucht auf der unbewußten Instinktebene getroffen, auf der sie Brenda hatte beeinflussen wollen, und als Folge davon hatte sie sich genötigt gefühlt, einen Job zu suchen, und sich schließlich zu einem Lehrgang angemeldet. Ihre neue Laufbahn und Brendas völlige Genesung wurden dann gemeinsam gefeiert.

Leider ist es aber nicht immer so einfach. Oft merkst du gar nicht so schnell, daß du es mit einem Angreifer zu tun hast. Es ist nicht leicht herauszufinden, ob ein Gefühl von außen in dich hineinprojiziert wurde. Wie dem auch sei, wenn du dich über dieses Gefühl freust, wirst du es wahrscheinlich nicht mit einem paranormalen Angriff in Verbindung bringen. Über eins muß man sich aber im klaren sein: Angreifer zeigen sich nicht immer in ihrer eigenen Gestalt. Ein menschlicher Angreifer kann sich wie gesagt auch über ein Elemental bemerkbar machen, und sowohl Menschen als auch Elementale sind sehr wohl in der Lage, über Umwege zu ihrem Ziel zu gelangen. Doch damit nicht genug: Auf der Astralebene können sie die Gestalt jedes beliebigen Wesens annehmen, um sich bei dir einzuschleichen. Sie müssen noch nicht einmal etwas über das Wesen wissen, das sie nachahmen. Meist bringen sie dich dazu, daß du selbst ihre Astralprojektion gedanklich erschaffst, und gelegentlich warten sie mit etwas auf, das du nicht kennst, um dich zu überzeugen.

Oberstes Ziel ist immer, dein Vertrauen zu gewinnen, um so die schützende Aura zu umgehen. So wie böse Wesen im Märchen nicht ohne Aufforderung über die Schwelle eines Hauses treten können, können auch diese Wesen deinen Schutzschild nicht durchbrechen, es sei denn, du lädst sie dazu ein.

Du glaubst vielleicht, ein harmloses Elemental, einen Engel oder den Geist eines geliebten Menschen in dein Inneres einzulassen, doch sobald der Angreifer deine Aura durchschritten hat, setzt er alles daran, von dir Besitz zu ergreifen.

Der Angreifer ist oft nur ein Astralvampir, der dich als Energiequelle benutzen will; weitaus seltener kommt es vor, daß ihn die reine Zerstörungswut treibt. In so einem Fall wird der Angreifer irgendwann ein ungewöhnliches Verhalten an den Tag legen, aber nicht bevor er sein Opfer ganz fest in seiner Gewalt hat. Dann kann es beispielsweise passieren, daß der Angreifer in der Gestalt eines gütigen und gerechten Vaters das Opfer nötigt, ein Verbrechen zu begehen (genau wie bei Hamlet), oder in der Gestalt eines gerissenen Ehegatten eine unziemliche Vereinigung im Tode vorschlägt.

Menschen haben unter einer solchen »Führung« die widerwärtigsten und abwegigsten Handlungen begangen, obwohl ihr gesunder Menschenverstand sie normalerweise daran gehindert hätte, den von ihnen benannten Personen so etwas zu unterstellen.

Wir müssen uns fragen, warum Menschen immer wieder solchen heimtückischen Angriffen zum Opfer fallen. Warum schützt sie ihre Aura nicht davor? Die Antwort liegt auf der Hand: Es liegt an falschen Vorstellungsbildern.

Tiefe Trauer über den Verlust eines lieben Menschen; die Weigerung, die Trennung vom Partner hinzunehmen; das unbändige Verlangen, einen Feind tot oder leidend zu sehen, oder die Phantasien (sexueller oder anderer Art) des Einsamen: All das kann eine unbedachte Psyche dazu veranlassen, stark gefühlsmäßig aufgeladene Gedankenbilder hervorzubringen.

Elementale sind niemals von Natur aus »bösartig«. Im Grunde sind es unschuldige und schöne Wesen, die zwar manchmal schrecklich ausschauen (wie zum Beispiel die Feuerelementale eines feuerspeienden Vulkans), doch diese Schrecklichkeit ist nur unsere Reaktion auf die ungeheure Macht ihres Elements.

Wenn wir uns damit begnügen, sie zu beobachten, nehmen wir keinen Schaden. Es gibt jedoch Menschen, die Elementale total faszinierend finden, und es gibt eine ganze Reihe von Elementalen, die ganz wild darauf sind, menschliche Energien anzuzapfen und soviel wie möglich am menschlichen Leben teilzuhaben. Viele Elementale, die auf höheren Astralebenen leben, genießen geradezu eine andächtige Stimmung und die Hohe Magie. Einige lungern bevorzugt in Gotteshäusern herum und drängen die Gläubigen – für das Auge nicht sichtbar – dazu, sich auf dieser hohen, aber immer noch emotionalen Ebene noch mehr zu verausgaben. Einige sind auch willkommene Gäste bei Machtzeremonien, denn ihre anregende Gegenwart sorgt für die richtige Stimmung.

Oft genug ist die menschliche Gesellschaft aber alles

andere als erbaulich, und gerade unter den Elementalen, die man auf den niederen Astralebenen findet, gibt es einige, die durch ihren Kontakt zu Menschen arg verdorben wurden.

Zu diesen negativ beeinflußten Elementalen gehören auch einige mächtige Wesen, die in früheren Jahrhunderten als »Dämonen« bezeichnet wurden, obwohl sie moralisch betrachtet nicht bösartiger waren als Tiere. Interessanterweise wurden damals Hunde, Schweine und andere Tiere vor Gericht gestellt und wegen angeblicher an Menschen begangenen Missetaten zum Tode verurteilt. Diese in Verruf geratenen Elementale werden nach wie vor von verdorbenen Zauberern dazu gezwungen, irgendwelche Befehle auszuführen, die von höheren Wesen in der Regel nicht verlangt werden könnten. Anhänger einiger okkulter Orden haben es sich daher zum Ziel gemacht, sich um diese bedrohten, erniedrigten und mit den heftigsten und geheimsten menschlichen Leidenschaften vertrauten Geister zu kümmern.

Inzwischen haben viele der geringeren Elementale aus der niederen Astralwelt von den Menschen gelernt und Mittel und Wege gefunden, um sich die menschlichen Energien zunutze zu machen. Und so werden aus diesen anfangs noch unschuldigen Elementalen auf die Dauer höchst unangenehme Schmarotzer, die die Menschen so lange besetzen, bis sie krank sind. Ganz deutlich läßt sich dies bei einigen Formen von Alkoholismus und übersteigerter Sexualität erkennen.

Zu einer anderen Gruppe von Menschen mit einer ausgeprägten Mischung aus Gefühl und Vorstellungskraft gehört der schöpferische Künstler, wenngleich sie bei ihm größtenteils antrainiert sind und dem Verstand und Willen unterliegen. Meistens geht der Künstler völlig in seiner gewählten Kunstrichtung auf, doch gelegentlich wagt er einen Seitenblick, um zu sehen, was aus seinen brachliegenden Energien, die außerhalb der Kontrolle seines Bewußtseins liegen, wird. Einige Gemälde, darunter auch Meisterwerke von Hieronymus Bosch und Salvador Dalí, vermitteln eine ungewöhnlich klare Vorstellung von den Randgebieten der Astralwelt.

Zu den obengenannten Schmarotzern gehört auch die Sorte, von der Alkoholiker geplagt werden. Das ursächliche Problem des Alkoholikers liegt meist in seiner Vorstellungswelt begründet: Entweder regt ihn seine Vorstellung vom Aussehen, Geruch, Geschmack oder gar Geräusch der alkoholischen Flüssigkeit oder das angenehme »Glühen« bei einem leichten Schwips, oder Bilder von irgendwelchen Situationen, zum Trinken an. Könnte seine Phantasie gestillt werden, würde auch der Drang nach ausgelassenem Trinken nachlassen.

Da aber Elementale mitmischen, ist weiter ein unstillbarer Drang vorhanden. Im betrunkenen Zustand läuft die Phantasie einmal mehr Amok, der Mensch reagiert gefühlsmäßig auf die von den Vorstellungsbildern ausgesandten Reize, dementsprechend wird Energie freigesetzt, und ein Teil dieser Energie läßt diese Bilder noch wirklicher erscheinen. Das Ganze ist ein Teufelskreis. Die Elementale haben nur eines im Sinn: Immer mehr Energie für sich selbst abzuzweigen und passende Astralformen für sich zu finden. Währenddessen kommt es bei dem Opfer durch die schleichende Vergiftung und die ständige Erschöpfung unweigerlich zu einer Verschlechterung des Gesundheitszustandes wie auch der allgemeinen Moral, so daß die Aura schließlich ganz durchbrochen wird – von innen zerstört.

Sobald die Elementale die Situation einigermaßen im Griff haben, kommen sie zum Vorschein. Es ist allgemein bekannt, daß die Wahnvorstellungen von Menschen im fortgeschrittenen Stadium des Alkoholismus – im Delirium tremens – nicht mehr mit Menschen zu tun haben wie zu Anfang ihrer Alkoholabhängigkeit. Es ist weder der verführerische Drink, der grausame Ehepartner, die roboterhafte Gesellschaft, noch irgend etwas anderes Peinigendes oder Quälendes, das ihn verfolgt. Die

»Dinge«, die jetzt als Schreckgespenster durch die Wände oder aus dem Fußboden kommen, sind ganz unterschiedlich. Sie können so winzig sein wie eine Ameise oder so riesig wie ein Elefant, aber eines haben sie alle gemeinsam: Sie sind abartig, bedrohlich und quälend.

Diese »Dinge« werden aber nicht nur von Alkoholikern gesehen. Es handelt sich dabei um verderbte Elementale, die sich normalerweise in den Regionen der niederen Astralwelt aufhalten, in die einige wenige unerschrockene Magier und Sensitive bei der Erforschung des Universums vordringen. Viele dieser unglückseligen Wesen – Verführte und Verführer der wankelmütigen Menschheit – können von hellsichtigen Personen dabei beobachtet werden, wie sie, auf leichte Beute hoffend, in Bars und an ähnlichen Orten herumlungern.

Da wird zum Beispiel ein wegen seiner betrunkenen Gäste berüchtigtes Lokal geschlossen und jahrelang anderweitig genutzt. Wenn dann in diesen Räumen wieder ein Lokal eröffnet wird, unter neuer Leitung und mit neuen Gästen, beginnt der alte Ärger manchmal auf »unerklärliche« Weise wieder von vorn. Für den Okkultisten, der die Gründe kennt, oder den Menschen mit außersinnlichen Fähigkeiten ist es aber keineswegs unerklärlich.

Überflüssig zu sagen, daß alkoholgefährdete Menschen oder trockene Alkoholiker einen solchen Ort unbedingt meiden sollten, auch wenn er »historisch« noch so interessant sein mag.

Was kann ein Alkoholiker für seinen psychischen Selbstschutz tun? Zuallererst muß die Persönlichkeit wieder aufgebaut werden, und dazu bedarf es in der Regel Hilfe und Beistand von außen. Sobald die Opfer aus dem krankmachenden Umfeld herausgeholt worden sind, schaffen es manche sogar, allein weiterzumachen. Bei einigen reicht es schon, sie von einem neurotischen oder psychotischen Verwandten zu trennen, damit sie mit dem Trinken aufhören. *In allen Fällen ist es jedoch wich-*

tig, die Persönlichkeit wieder aufzurichten und mit Energie zu versorgen. Nur dann hat die Aura eine Chance, sich wieder aufzubauen. Wertvolle Hilfe erfährt das Opfer auch durch die Visualisierung des Lichtturms.

Anfangs werden die Elementale alles daransetzen, die Genesung umzukehren oder zumindest zu blockieren. Doch alles, was dem Opfer hilft, seine Vorstellungswelt mit gesundheitsfördernden Bildern anzureichern, trägt zur Vertreibung der Angreifer und damit zur rascheren Heilung bei.

Es gibt zwei Praktiken, die dem Alkoholiker eine große Hilfe sind, gerade zu Beginn der angestrebten Genesung. Zum einen ist dies die Visualisierung des »speziellen Zeichens« (s. S. 71), das nicht nur einen guten Schutz gewährt, sondern auch die Selbstachtung steigen läßt. Zum anderen ist es außerordentlich wichtig für den Alkoholiker, daß ein Freund regelmäßig den Lichtturm für ihn visualisiert, weil er selbst in der Anfangsphase nicht dazu in der Lage ist. Zusammen mit dem Leidenden sollte der Helfer auch eine der Varianten regelmäßig üben.

Übersteigerte Sexualität ist ein anderer Bereich, in den Elementale verstrickt sind, und in den meisten Fällen haben sie sie auch die verursacht oder verstärkt. Normaler Geschlechtsverkehr zwischen festen Partnern wird kaum von Elementalen gestört. Die Partner sind es gewohnt, ihre Energien auszutauschen; die Stimmung ist nicht von Gefühlen überladen; und da ist nichts, was ihre Auren, besser gesagt, ihre gemeinsame Aura, beeinträchtigen könnte. Spielen jedoch irgendwelche Schuldgefühle mit hinein, die ja im Grunde genommen eine Form von Angst sind, kann dies zu einer Schwächung der Aura führen. Und Geschlechtsverkehr mit zu hohem gefühlsmäßigen und deshalb auch energetischen Anteil (manchmal Begleiterscheinung von Schuldgefühlen und Gewalt), zieht leicht Elementale an.

Eine Frau mit übersteigertem Geschlechtstrieb wird oft als »nymphoman« bezeichnet, basierend auf der alten Vorstellung, daß sie von Nymphen besessen sei, das heißt von Naturgeistern oder Elementalen. Obwohl ihr Problem ursächlich körperlicher oder auch psychologischer Natur gewesen sein mag, sahen die Menschen der Antike sie wirklich bald umringt von Elementalen, die sie mit ihren ausschweifenden Phantasien selbst herbeigeholt hatte und die sich nun an ihren Energieausströmungen labten und pausenlos für weiteren Nachschub an sexuellen Phantasien sorgten. Das Wort Nymphe bedeutet »Braut«, »Jungfrau«, und bereits im Altertum wurden anmutige weibliche Naturgeister so genannt. Werden sie von einer Frau angezogen, versuchen sie sie mehr und mehr zu ihresgleichen zu machen.

Zu zwei Dingen sind Elementale jedoch nicht fähig. Sie können nicht verstehen, daß eine gewisse Sexualmoral unter den Menschen herrscht, denn dort, wo sie herkommen, ist der freizügige Austausch von Energie – in jeglicher Form – einfach ein Stück Lebensfreude und wird nicht mit dem verbunden, was wir Menschen unter Sex verstehen. Und demzufolge können sie nicht begreifen und werden wohl auch nie erfahren, daß es viele Menschen gibt, die sich gern den Zwängen der Gesellschaft unterwerfen und keineswegs nach Fluchtmöglichkeiten suchen, sondern Sicherheit in ihrem Zusammenhalt finden. Daher sind Elementale auch blind für die Probleme, die sie ihrem menschlichen Opfer aufbürden, das dazu bestimmt ist, in der Gesellschaft zu leben, von der sie es entfremdet haben.

Dann gibt es noch die Elementale, die der männlichen Natur sehr verbunden sind. Wenn diese satyrähnlichen Wesen sich einen Mann ausgesucht haben, beginnen sie sofort, ihn sich ähnlich zu machen. Sie verstärken die Gedankenbilder, die anfangs ein Band zwischen ihm und ihnen darstellten; sie drängen ihn zu sexuellen Handlungen und zu Vergewaltigungen, von denen sie wiederum nicht wissen, was sie für Menschen bedeuten. Ebensowenig können sie die Vielschichtigkeit der menschlichen Natur begreifen, die etwas, das sie selbst als lustvoll und spontan empfinden, zu einer tragischen und zerstörerischen Angelegenheit für die daran beteiligten Menschen werden läßt.

Die soeben beschriebenen Wesen halten sich bei ihrer Betätigung im Hintergrund. Es gibt jedoch andere, die sich geradezu körperlich offenbaren.

Der Überlieferung nach sind dies zwei Arten von Dämonen, die Inkubus bzw. Sukkubus genannt werden, je nachdem, ob sie eine Frau oder einen Mann heimsuchen. Anscheinend sind sie menschlichen Ursprungs; selten eine wirklich »erdgebundene« Seele, zuweilen das Bewußtsein und das astrale Fortbewegungsmittel eines lebenden Menschen, aber oft ein Teilstück der Psyche – eine der eingangs erwähnten Splitterpersönlichkeiten – die die unterdrückte und verdrängte Sexualität eines Mannes oder einer Frau verkörpern, egal, ob diese tot oder lebendig sind. (Wenn es um einen Toten geht, kann erschwerend hinzukommen, daß die Körperhülle von einem Elemental mit ähnlichen Neigungen übernommen wird und neues Leben eingehaucht bekommt.)

Diese Wesen sind relativ selten, zumindest hört man recht selten davon, aber dennoch existieren sie, und zwar auf der untersten Astral- oder Ätherebene, direkt oberhalb der materiellen Welt. Um sich zu offenbaren, entziehen sie ihrem Partner stets aufs neue die benötigte Extramenge an Astralsubstanz. Man könnte sie deshalb auch als vampiristisch bezeichnen, ähnlich wie die gewöhnlichen Sexelementale, nur daß sie gezielter vorgehen. (Darüber hinaus sind sie auch besonders eifersüchtig und besitzergreifend.)

Ein Mann und eine Frau nehmen als Sexualpartner gegenseitig einen Großteil ihrer Energien auf, insbesondere zu Beginn ihrer Liebesbeziehung. Das liegt daran, daß der Frau männliche Energie fehlt und dem Mann weibliche. Dieser gegenseitige Austausch über Jahre hinweg in Verbindung mit dem psychologisch ausgereiften Geben und Nehmen auf anderen Ebenen bedingt eine ausgewogene Entwicklung und bewirkt in jedem der Partner eine innere Einverleibung.

Auf diese Weise geht nur ein geringer Teil der bei der Vereinigung freigesetzten Energie verloren, es sei denn, die beiden ergreifen bewußt irgendwelche Maßnahmen, wie zum Beispiel beim Tantra, um diese Energie anderweitig zu nutzen.

Wer bei Selbstbefriedigung krankhafte, brutale oder abgründige Phantasien entwickelt, kann hin und wieder das Opfer von Elementalen, Astralvampiren oder Spannern werden, die jeweils ein neues chaotisches Gedankenkarussel in Gang setzen und das Opfer noch tiefer in die Unwirklichkeit hineinziehen. Meist haben sie es auch auf seine Energie abgesehen, da ja kein Partner zur Verfügung steht, der diese Energie aufnehmen könnte. Da der Trend hin zu mehr Freizügigkeit und Natürlichkeit in sexuellen Dingen geht, herrscht große Verwirrung in bezug auf das uralte Tabu der Selbstbefriedigung. Um es noch einmal klarzustellen: Selbstbefriedigung ist natürlich und gesund und für die meisten Menschen völlig in Ordnung; die wenigsten müssen sich deswegen Sorgen machen. (Phantasieren ist natürlich und auch schön.)

Die bei Eltern und Erziehungsberechtigten vergangener Generationen vorherrschende Meinung, daß Selbstbefriedigung möglicherweise zu Nervenleiden oder gar zum Wahnsinn führt, gründete sich vermutlich auf das Wissen und die Erfahrung einiger weniger, auch wenn dieses Wissen und diese Erfahrung mangels okkulter Kenntnisse falsch gedeutet wurde.

Die Menschheit hat darauf verschiedene Antworten gefunden. Die allgemeinste und am wenigsten machbare lautet, Sex ganz zu vermeiden. Das ist aber gar nicht so leicht, wie es aussieht. Es würde nämlich bedeuten, daß man nicht nur sexuelle Handlungen vermeiden müßte, sondern auch alle Gedanken, Gefühle und instinktgesteuerten Reize, die damit zu tun haben, und sie darüber hinaus auch nicht ins Unterbewußtsein verdrängen dürfte. Dies erfordert entweder ein hohes Maß an Spiritualität oder ein sehr, sehr hohes Alter, in dem Sex keine Rolle mehr spielt.

Wie also kann man sich gegen unangenehme oder gefährliche Wesenheiten schützen, die die Freude am Sex zu einem Alptraum von Sklaverei und Krankheit werden lassen?

Am vernünftigsten wäre es, den Instinkt als Teil unseres Lebens anzusehen, egal, ob man darauf voll und ganz anspricht oder nicht. *Gib offen und ehrlich zu, daß du dich in der Gesellschaft von Leuten wohlfühlst, die dich körperlich anziehen. Erfreue dich an deinen Phantasien, aber halte sie im Zaum. Sie sollten stets hohen moralischen Werten entsprechen. Sex und Selbstachtung sind ein starkes Paar!*

Falls du das Gefühl hast, derzeit sexbesessen zu sein, dann läßt sich auf einfache und harmlose Weise Abhilfe schaffen. (Es sei denn, du bist allergisch gegen Möhren.). Okkulten Orden ist dieses Geheimrezept seit langem bekannt, und es wirkt gleichermaßen bei Männern wie bei Frauen. Du brauchst einfach nur drei Wochen lang jeden Morgen auf nüchternen Magen ein Glas rohen Möhrensaft zu trinken.

Wirksamer psychischer Selbstschutz ist auf drei Wegen zu erreichen: auf dem Weg des Gebets, der Meditation und der Magie. Um diese Wege gehen zu können, braucht man zuallererst eine starke, gesunde Aura. Darüber hinaus gilt es, eine Zerstörung der Aura von innen zu vermeiden. Sollte es trotzdem einmal dazu kommen, muß man wissen, wie astrale Bösewichte abzuwehren sind. Um eine gesunde Aura zu erhalten ist es wichtig, regelmäßig den Lichtturm zu visualisieren und Situationen zu vermeiden, die Schuldgefühle auslösen.

Wenn du etwas tust, das dir Schuldgefühle bereitet, mußt du entweder mit der Sache aufhören oder aufhören, dich länger schuldig zu fühlen. Wir können die Entscheidung nicht für dich treffen, weil wir die Umstände nicht kennen. Wenn dir weder das eine noch das andere gelingt, solltest du dir Rat einholen.

Wenn dir der Weg des Gebets am meisten zusagt, hast du vielleicht schon einige Lieblingsgebete. Wenn nicht, kannst du auf die überlieferten Gebete der östlichen oder westlichen Kirche, zum Beispiel auf die Stundengebete, zurückgreifen, denn sie sind sehr machtvoll. Beende das Beten mit der Visualisierung des Lichtturms.

Wer lieber meditieren möchte, sollte dies ebenfalls auf die ihm am meisten zusagende Art tun und anschließend seine Aura visualisieren, strahlend und in voller Größe, in der sich alle seine körperlichen und psychischen Energien gesammelt haben. Den Abschluß bildet der Lichtturm.

Der magische Weg verläuft etwas anders. Die sexuellen Energien sollen nicht an ihrer Freisetzung gehindert werden, sie sollen vielmehr erhalten bleiben und (vergleichbar mit der Energie eines Wasserfalls, mit der ein Haus beheizt werden kann) eine neue Richtung und ein neues Ziel erhalten. Zu diesem Thema ließe sich viel mehr sagen, als hier behandelt werden kann. Die Verflechtungen und Schlußfolgerungen, die sich aus dieser einfachen Aussage für die praktische Anwendung in östlichen wie westlichen Traditionen ziehen lassen oder bereits gezogen wurden, waren jahrhundertelang Gegenstand eingehender Studien und Forschungen.

Eine andere Form des magischen Angriffs auf die Psyche, seit ewigen Zeiten einer der Kunstgriffe von Zauberern und Hexen, läßt sich als Puppenzauber umschreiben.

Die Bandbreite der dabei verwendeten Gegenstände ist groß: angefangen bei einer Alraune (Wurzel der Mandragora-Pflanze mit menschenähnlicher Gestalt) oder auch einem merkwürdig gewachsenen Rettich bis hin zur Holz- oder Wachspuppe, die ganz das Ebenbild des möglichen Opfers und genauso gekleidet ist. Die Vorgehensweise ist weitverbreitet. Zuerst stellt man ein Bild her, stellvertretend für einen Feind, einen geliebten oder begehrten Menschen. Dann wird dieses Bild so behandelt, wie man das menschliche Vorbild gerne behandeln möchte. Diese Dinge scheinen der menschlichen Rasse angeboren zu sein. Schon der Höhlenmensch schickte seinem aufgemalten Bison einen Pfeil oder, besser gesagt, eine schwarze Linie aus Pigment mitten ins Herz; heute küßt man Fotografien seines Kindes oder seines Liebsten, und der Gläubige schmückt ein Gottes- oder Heiligenbild mit Blumen. Jeder versucht irgendwie, eine Verbindung mit der dargestellten Wirklichkeit herzustellen. Das erklärt auch, warum der Puppenzauber so verbreitet und leider auch so gefürchtet ist. Auch wenn man vielleicht nicht weiß, wie er vor sich geht, weiß man tief im Innern, daß er funktioniert. Richtiger Puppenzauber ist eine magische Handlung, wenn auch eine, die auf einer niederen Ebene stattfindet. Sogar erfahrenen Magiern unterlaufen dabei manchmal Fehler. Es heißt zum Beispiel, daß der Zauber nur gelingt, weil die Puppe dabei hilft, die Kräfte des Magiers zu bündeln. Es ist eigentlich sein Geist, der ein bestimmtes Ergebnis herbeiwünscht und somit auch den ganzen Vorgang unter Kontrolle hat.

Die letzte Aussage stimmt nur bedingt. Indem der Zauberer die Puppe möglichst genau nach dem Ebenbild des Opfers anfertigt, fällt es ihm leichter, Puppe und Opfer im Geist gleichzusetzen, doch der wirklich maßgebliche Teil der Handlung ist das Zustandekommen der magischen Verbindung zwischen Puppe und Opfer. Sobald diese Verbindung hergestellt ist, kann der Zauberer sie dazu nutzen, dem Opfer diesen oder jenen Schaden zuzufügen oder etwas Gutes zu tun. Darüber hinaus wird auch alles, was der Puppe widerfährt, in irgendeiner Weise auf das Opfer übertragen, ob der Zauberer dies will oder nicht, ob der Zauberer davon weiß oder nicht. Daran solltest du stets denken, falls du jemals in den Besitz einer Puppe gelangst, von der du annimmst, daß zwischen ihr und dir selbst oder einer anderen Person eine magische Verbindung besteht.

Als erstes mußt du die bestehende Verbindung lösen. Schau dir bei schwachem Licht die Umrisse der Puppe an. Auch wenn du dich bisher noch nicht im Hellsehen versucht hast, ist es doch sehr wahrscheinlich, daß du eine schwach leuchtende Schnur erkennst, die von der Puppe ausgeht und entweder zu dir führt oder sich in der Ferne verliert.

Siehst du sie nicht, ist es auch nicht weiter tragisch. Du selbst kannst nämlich auch zaubern. Visualisiere einfach eine solche Schnur, die am Solarplexus der Puppe beginnt und irgendwo in der Luft endet.

Als nächstes nimmst du ein Messer, entweder ein solides Messer oder ein visualisiertes. Stell dir diese Klinge als Flamme vor, und damit durchtrennst du auf einen Schlag die Schnur in unmittelbarer Nähe der Puppe.

Was dann folgt, ist sehr merkwürdig. Einmal angenommen, du hast dir die Schnur vorgestellt und auch das Messer, dann kommt jetzt etwas, das du noch nie zuvor erlebt hast. Ob es dir nämlich gelungen ist, die Schnur ordnungsgemäß zu durchtrennen, wirst du jetzt erfahren. Die Enden der Schnur werden davonflattern und in alle Winde zerstreut werden, so daß sie nie wieder zusammenkommen. Du wirst es »spüren«, selbst wenn du es nicht »sehen« kannst.

Erfolgt diese eindeutige Reaktion nicht, mußt du das Ganze wiederholen. Ist der Magier im Gegensatz zu dir ein alter Hase, wirst du einige Mühe haben, die Schnur zu durchtrennen. Aber letzten Endes wirst du es schaffen.

Wenn die Hauptverbindungsleitung gekappt ist,

kannst du trotz eventuell bestehender kleinerer Verbindungen damit fortfahren, den Zauber unschädlich zu machen. Dazu mußt du die Puppe vorsichtig entkleiden. Paß aber auf, daß kein Stückchen Stoff verlorengeht, keine Haarsträhne oder Locke oder sonst irgend etwas, das dem Opfer entwendet wurde. Locker sitzende Nadeln können entfernt werden, festsitzende Nadeln oder in Holz eingeschlagene Nägel läßt du besser stecken.

Nun brauchst du jede Menge Wasser, am besten fließendes Wasser in der Natur, eine Badewanne oder ein Spülbecken. Eine Holz- oder Wachspuppe muß gründlich geschrubbt werden, eine Puppe aus weichem Stoff wird erst abgewaschen und dann unter Wasser auseinandergenommen. (Eventuell findest du dabei weitere Stofffetzen oder andere Dinge, die dem Opfer gehören.) Während du die Puppe abwäschst, wiederhole die Worte »Es ist nur Holz (oder Wachs oder Stoff)«.

Danach legst du alle Kleidungsstücke und alles, was du sonst noch gefunden hast, auf einen Haufen und zerstörst die magische Verbindung wie oben beschrieben. Anschließend verbrennst du alles (die Sachen gegebenenfalls vorher trocknen) und streust die Asche in einen Fluß oder ins Meer.

Zuletzt verbrennst du die Puppe und streust ihre Asche (zusammen mit verkohlten Nägeln oder sonstigen Dingen, die darin versteckt waren) in einen Flußlauf oder ins Meer. Damit ist die Sache dann erledigt.

Wie schütze ich mich gegen Puppenzauber?

1. Wenn du das Gefühl hast, daß irgend jemand bereits einen Puppenzauber gegen dich verwendet oder sich einer ähnlichen Methode bedient, um dir geistige Vorstellungen einzuimpfen, dann wirst du der Puppe kaum habhaft werden können. In diesem Fall mußt du die magische Verbindung an dir selbst lösen, was genauso wirkungsvoll ist. Zuerst visualisierst du den Lichtturm, um deine Aura zu versiegeln. Dann

nimmst du ein sauberes, abgetrocknetes Messer, das du anschließend wieder verwahrst und nur für solche Zwecke benutzt, oder stellst dir ein solches Messer vor und verfährst wie auf S. 114 beschrieben.
Wenn du nicht wirklich spürst, daß die Schnur an anderer Stelle an dir festgemacht ist, dann stell sie dir im Bereich des Solarplexus vor, und trenne sie mit dem Messer in etwa 40 cm Entfernung von deinem Körper durch. (Paß auf, daß du dich nicht schneidest.) Sobald die Verbindung zerstört ist, solltest du ein Bad nehmen und danach frische Kleidung anziehen.

2. Eine allgemeine Vorsichtsmaßnahme besteht darin, die Aura zu stärken. Visualisiere also regelmäßig den Lichtturm.
3. Versuche, unerwünschten Phantasien zu widerstehen. Sie können ein erster Hinweis auf eine mögliche Belästigung sein. Wenn es dir jetzt gelingt, die Probleme aus dem Weg zu schaffen, dann brauchst du später keine anderen Maßnahmen zu ergreifen. Wenn du mit einer bestimmten Person nichts zu tun haben willst, laß dich nicht dazu hinreißen, irgendwelche Gedanken an Liebe oder Sex mit besagter Person zu verschwenden. Wenn du oft das Gefühl hast, daß mit deiner Gesundheit irgend etwas nicht stimmt, dein Verstand dir aber das Gegenteil sagt, dann kümmere dich nicht weiter darum. Meldet sich das Gefühl aber immer wieder, solltest du dich von deinem Arzt gründlich untersuchen lassen. Treibe viel Sport, oder beschäftige dich eingehend mit ganzheitlichem Denken: Sorge dafür, daß deine Geisteshaltung auf Gesundheit und nicht auf Krankheit ausgerichtet ist.
4. Erlerne kreatives Visualisieren, oder intensiviere diese Technik. Es gibt bestimmt einige Dinge, die dein Herz begehrt, und die Chancen, daß jemand anderes deine Phantasie mit seinen Gedankenbildern füllt, sind ziemlich gering, wenn du bereits deine eigenen Bilder im Kopf hast.

5. Suche dir deine Freunde bewußt aus, und verbringe einen Großteil deiner Freizeit mit ihnen. Zeige Interesse für ihre Hobbys, aber auch für ihre gesellschaftlichen und sonstigen Betätigungen.
6. Laß nichts von dir herumliegen. Vergleiche dazu die Hinweise auf S. 84. Im Zusammenhang mit Puppenzauber ist es auch wichtig, daß du nicht alle deine Namen preisgibst, da Puppen manchmal auf den Namen der betreffenden Person getauft werden. Viele Menschen haben einen Firm- oder Taufnamen, mit dem sie aber nie unterschreiben. So solltest du es auch handhaben, vergiß aber nicht, daß der unbenutzte Namen auch ein Teil von dir ist.

Merke

- Wünsche und Ängste hat jeder. Damit deine Wünsche und Ängste deine Aura nicht von innen schwächen, mußt du deine Phantasie zügeln.

- Erzeuge kein Bild von deinen Ängsten, insbesondere kein lebendiges Bild.

- Wenn du glaubst, etwas, das du dir wünschst, könnte gefährlich für dich werden, dann stell es dir nicht lebhaft vor.

- Ein Hobby, ein Film, ein spannendes Buch bringen dich auf andere Gedanken.

- Wenn du unerwünschte Gedankenbilder verändern oder zerstören willst, bedien dich einer der hier vorgestellten Methoden.

- Erlerne das Lösen der magischen Verbindung, für den

Fall, daß du diese Methode einmal brauchst, denn sie kann vielseitig verwendet werden.

- Visualisiere regelmäßig den Lichtturm.

Kapitel 5

Das Wichtigste auf einen Blick

1. Lärm, Gedränge, die Hektik des modernen Stadt- und Berufslebens und andere unpersönliche Kräfte zerren an der Aura. Sie schwächen unsere Widerstandskräfte und verursachen Erschöpfung, wenn nicht gar Krankheiten.
   - Einige Lärmquellen lassen sich abstellen, gegen andere kann man sich abschotten. Manchen muß man entschieden Einhalt gebieten, obwohl sie allgemein akzeptiert werden. So sind zum Beispiel bestimmte Formen der Rockmusik schädlich für die menschliche Psyche.
   - Um die stressige Umgebung einigermaßen zu verkraften, solltest du zu Beginn und am Ende eines jeden Tages den Lichtturm visualisieren.
   - Täglich, wenn du es einrichten kannst, insbesondere aber vor einer zu erwartenden Streßsituation, solltest du dir 10 bis 15 Minuten Zeit gönnen, um zu entspannen, deine Aura zu stärken und dich auf dein Höheres Selbst einzustimmen. Folge dazu den Anweisungen im Text.
2. Zusätzlich zu dieser Einstimmung ist es von allergrößter Wichtigkeit, daß du dich hin und wieder einen Augenblick auf die niedrigen Ebenen deiner Psyche besinnst. Dein Ziel ist Ganzheit.
3. Entfalte deine Persönlichkeit! Bleib dir selbst treu: Deine Lebenshaltung kann ein Leben widerspiegeln, das von ständiger Weiterentwicklung geprägt ist. Du mußt lernen, deine Entscheidungen auf Tatsachen zu gründen, und nicht auf das, was andere für richtig halten.

- Lerne, deinen eigenen Geschmack und deine eigenen Interessen zum Ausdruck zu bringen; entwickle einen Tatendrang, der über die Anforderungen von Beruf und Familie hinausgeht, damit du über deine eigene Persönlichkeit nachdenken kannst.
- Bewahre dein Unterbewußtsein vor bedrängenden Dingen persönlicher und gesellschaftlicher Art, das heißt, laß dich nicht zum Träger für die Vorurteile von Kirche und Gesellschaft machen, indem du dich nach fremden Maßstäben richtest.
- Lerne, eigenständig zu werden, zumindest in einigen Lebensbereichen, oder eigne dir das Wissen an, so daß du es sein könntest. (Überlebenstraining beinhaltet nicht zwangsläufig militärische Übungen oder die Überzeugung, daß die Gesellschaft kurz vor dem Zusammenbruch steht.)
- Ein Handwerk ist nicht nur eine Form der Selbständigkeit, sondern auch eine Möglichkeit, die persönlichen Vorlieben und Interessen zu entfalten. »Die Arbeit mit den Händen« ist eine Erfahrung, die Körper, Geist und Seele einbezieht.

4. Jeder, der an einer psychischen und spirituellen Weiterentwicklung interessiert ist, sollte eine vegetarische Ernährung in Erwägung ziehen.
   - Wie im Text näher ausgeführt, kann die fleischlose Ernährungsform Teil einer bewußten Lebensführung werden, die Streßfaktoren weitgehend ausschaltet.
5. Durch Selbstbeherrschung und Entschlossenheit kann eine psychische Verbindung zu den Kräften alles Lebendigen erreicht werden.

Die Begegnung mit unpersönlicher Aggression

Auch wenn niemand ernsthaft beabsichtigt, uns anzugreifen, gehen dennoch von der Umwelt bestimmte Gefahren aus, unter denen wir zu leiden haben.

Insbesondere auf den Stadtmenschen warten im täglichen Leben viele unangenehme Dinge, die wie nervöse Finger unaufhörlich an seiner Aura zupfen und zerren oder schlimmer noch, an seinem Bewußtsein und an seinem Selbstwertgefühl. Ständiger Streß, die zum Teil vorgetäuschte Dringlichkeit täglicher Pflichten und die Dauerbelastung mit sinnlosem Lärm – all das kratzt an unserem Selbstbewußtsein und an unserem inneren Gleichgewicht. Beim Auftreten von körperlichen Krankheitszeichen wie Kopfschmerzen und Nervenschmerzen, die man am vernünftigsten damit angehen würde, den Leidenden aus der krankmachenden Umgebung herauszuholen und ihm eine Verschnaufpause zu gönnen, greift man lieber zu Tabletten oder Alkohol, um den Schmerz rasch zu betäuben.

Es ist jedoch zwecklos, die Situation auf diese Weise »bekämpfen« zu wollen, denn dies führt zu noch mehr Streß, und bedingt durch die damit verbundene gefühlsmäßige und körperliche Anstrengung verausgabt man sich noch mehr. Die Folge davon ist in vielen Fällen ein andauernder Erschöpfungszustand, der Leute aus den verschiedensten gesellschaftlichen Schichten betrifft.

Bevor wir uns den psychischen Schutzmaßnahmen in diesen Fällen zuwenden, sollten wir uns erst einmal fragen, ob wir nicht einfach nur mehr Schlaf benötigen, zumindest in der augenblicklichen Situation? Unsere Eltern und Großeltern waren noch der Meinung, ein Erwachsener müßte nur um Mitternacht ins Bett gehen und könnte dann am nächsten Morgen in aller Frühe aufstehen und seinem Tagewerk nachgehen, doch Lärm, Streß und das Gedränge in der Stadt haben in den letzten Jahren bedrohlich zugenommen. Es heißt auch, daß der Schlaf vor Mitternacht wertvoller ist als danach. Vielleicht sollten mehr Leute diesen Rat beherzigen, denn Schlaf ist durch nichts zu ersetzen, wenn es um die Erholung des ganzen Körpers einschließlich des Nervensystems und Gehirns geht.

Wir können uns aber auch gegen die ständigen, sinnlosen Angriffe zur Wehr setzen. Allerdings bringt es nichts, wenn wir uns darüber ärgern, uns beklagen oder Haßgefühle entwickeln. *Nichts geschieht grundlos, und bloßes Darübernachdenken bietet keine Schutz.*

In Kapitel 6 werden wir uns eingehend mit menschlichen Forderungen beschäftigen. Vorab sollten wir uns aber stärken und uns die unpersönlichen »Angreifer« vornehmen.

Bei beruflichen Belastungen sind praktische Dinge zu beachten. Wird Lärm von außen so gut es geht ferngehalten? Gibt es in einem Großraumbüro beispielsweise schallschluckende Wandschirme oder andere Vorrichtungen, die Maschinengeräusche aus anderen Abteilungen dämpfen? Ist die Raumtemperatur der Arbeit angepaßt und funktioniert die Belüftung oder die Klimaanlage richtig? Du brauchst deine Probleme nicht überall breitzutreten. Halte einfach die Augen offen. Vielleicht haben andere dieselben Schwierigkeiten. Wenn andere auch jeden Nachmittag schläfrig sind, oder wenn sich jeder auf die Zeichensprache verlegt oder vom Pech verfolgt zu werden scheint, dann ist es an der Zeit, Verbesserungsvorschläge einzureichen. (Die Geschäftsleitung oder der Betriebsrat sind keineswegs immer ablehnend; ihr Posten verlangt ganz einfach andere Fähigkeiten als Hellsehen.)

Manchmal entpuppt sich Musik als Störquelle. Musik

– klassische Musik eingeschlossen – hat im allgemeinen eine günstige Wirkung auf alle Arten von Arbeit. Es gibt aber auch Musik, darunter Formen der Rockmusik, die aufgrund ihrer Rhythmen und Tonfolgen für den Menschen absolut schädlich sind. Sie lenkt ab, macht müde, verhindert bestmögliches Arbeiten und erhöht das Unfallrisiko.

Wenn man schon nichts gegen die gegenwärtige Arbeitssituation ausrichten kann, so sollte man zu seinem Selbstschutz den Ort des Geschehens täglich ein- oder mehrmals zu bestimmten Zeiten kurz verlassen.

Schutzmaßnahmen gegen unpersönliche Aggressionen:
Beginne und beende jeden Tag mit der Visualisierung des Lichtturms, und nimm dir auch Zeit zum Entspannen, wann immer du kannst. Zusätzlich solltest du ein- oder zweimal am Tag, insbesondere aber vor schwierigen Besprechungen oder anderen Situationen, die voraussichtlich aufreibend werden, die folgende Übung machen:

1. Setz dich irgendwo hin, wo du völlig ungstört bist, zum Beispiel während der Mittagspause an deinen Schreibtisch oder an einen anderen Ort. Ein Restaurant, vor dir auf dem Tisch eine Tasse Kaffee, ist ebenfalls geeignet. Du brauchst für diese Übung 10 oder 15 Minuten (20 Minuten sind die Obergrenze). Damit du aber nicht ständig auf die Uhr schauen mußt, solltest du anfangs, falls du keine Armbanduhr mit Weckautomatik besitzt, entweder 10 oder 15 Minuten vor einem absehbaren akustischen Signal beginnen oder einen Freund bitten, dich zum Beispiel anzurufen.
2. Entspanne dich nach und nach von den Zehen bis zu den Gesichtsmuskeln.
3. Visualisiere den Lichtturm nach der allgemeinen Methode bis zu Punkt 9 (s. S. 49) und stell dir dabei ein Licht vor, das ausgehend von einer leuchtenden Kugel über deinem Kopf deine gesamte Aura überflutet

(diesmal jedoch ohne silbriges Funkeln), dich durchdringt und durchströmt.

4. Nun amte gleichmäßig und tief ein und aus:
   Bei jedem Einatmen spürst du, wie das pulsierende Licht stärker in jede einzelne Faser deines physischen Körpers gesogen wird, in jede Nische deines Gehirns, deines Nervensystems –
   damit es dir hilft, dein Leben zu bestimmen,
   damit es dir hilft, deine schlummernden Fähigkeiten zu erkennen,
   damit es dir hilft, mit und von den Kräften und Fähigkeiten zu leben,
   von deren Existenz du noch nichts weißt.
   Bei jedem Ausatmen siehst du das pulsierende Licht stärker leuchten. Es hüllt dich ein und umgibt dich mit seiner schützenden Wärme –
   um dich zu leiten bei allem, was du tust,
   um dich zu beraten, wenn du zweifelst,
   um dich zu bestärken in deiner Entschlossenheit und Ausdauer,
   um dich zu lieben jetzt und immerdar,
   um dir stets nahe zu sein.
5. Danach siehst du, wie die schützende Hülle in ein tiefes Blau übergeht und wie sich goldene Farbblitze sprühregenähnlich im pulsierenden Licht verteilen.
6. Anschließend läßt du dieses Bild in deinem Bewußtsein verblassen, wohl wissend, daß es fortbesteht.

Daß das Höhere Selbst auf unseren ausdrücklichen Wunsch eingreifen kann, um uns in Situationen, in denen die Vernunft nichts ausrichten kann, zu helfen, wird mittlerweile auch von Psychologen der alten Schule erkannt. Die Vernunft, die lange Zeit als oberste Instanz der Psyche angesehen wurde, hat die Experten aufgrund ihrer Beschränkungen zunehmend vor Rätsel gestellt, und allmählich fangen sie an zu begreifen, daß sie doch nicht die höchste Kontrollinstanz der Psyche ist. Die Vernunft ist vielmehr mit einem aufgeweckten Elfjährigen zu vergleichen, der in Abwesenheit seiner Eltern oder Lehrer relativ gut auf Kleinkinder aufpassen kann: Er kann Entscheidungen treffen und dafür sorgen, daß die wesentlichen Dinge mehr oder weniger laufen. Aber letztendlich ist die Erfahrung und der Weitblick eines Erwachsenen vonnöten, um bestmöglich für alle zu sorgen und ihren Bedürfnissen gerecht zu werden.

In diesem Zusammenhang stellt sich die Frage: »Wie kann das Gehirn etwas hervorbringen, das ihm in seinem Handeln überlegen oder von größerer Lebendigkeit ist als es selbst?«

Wir erwarten keineswegs, daß Ärzte und Wissenschaftler die allen Mystikern und Kabbalisten bekannte Wahrheit ohne weiteres hinnehmen, daß nämlich das Höhere Selbst oder spirituelle Selbst sowohl der überlegene Partner als auch die Quelle der gesamten niederen Persönlichkeit – Körper, Gehirn, Instinkte, Gefühle und Vernunft gleichermaßen – ist. Sie halten dies für nicht bewiesen, obwohl ihre eigenen Behauptungen genauso wenig bewiesen sind und auch gar nicht bewiesen werden können. Ihre Arbeit ist durchaus verdienstvoll und wird immer besser, aber sie sollen keine theoretischen Überlegungen anstellen, sondern Tatsachen vermitteln. Tatsache ist, daß es das Gehirn gibt, daß es den Körper mitsamt seinen Nerven- und Drüsenzentren gibt, daß Instinkt, Gefühl und logisches Denken eng damit verknüpft sind. Und dann gibt es noch etwas weiteres, den Geist, den entwickelten Geist, das Höhere Selbst. Wir müssen nicht unbedingt wissen, wie es dahin gelangt ist, aber wir sollten anerkennen, daß es vorhanden ist, und ihm seinen rechtmäßigen Platz in unserem Leben einräumen.

Die Kontaktaufnahme mit unserem Höheren Selbst mittels oben beschriebener Technik ist von größter Bedeutung (insbesondere bei Streß, Kummer und Sorgen – Situationen, mit denen sich der Verstand gewöhnlich allein abquält), aber Notsituationen sollten nicht die einzigen Zeiten sein, in denen wir uns auf unser Höheres Selbst besinnen. *Gewöhne es dir deshalb an, hin und wieder für einen Moment die Augen zu schließen und einen kurzen Blick ins Innere zu werfen – ganz ohne Worte – voller Liebe und Vertrauen.*

Abgesehen von dieser Stärkung der Psyche auf höchster Ebene – »dem Zurückkehren zur Quelle« – ist es auch wichtig, ihre Unversehrtheit auf den niederen Ebenen zu bewahren bzw. wiederherzustellen. Wie wichtig diese Unversehrtheit für den psychischen Selbstschutz ist, erfahren wir im nächsten Kapitel.

Du brauchst nicht Vollkommenheit anzustreben (Vollkommenheitsstreben ist im Grunde genommen schon wieder ein psychisches Problem), aber du muß dir darüber im klaren sein, was für dich momentan am wichtigsten ist und warum du bestimmte Dinge tust. Manchmal mußt du dich ganz bewußt für etwas entscheiden, was dir wichtiger ist, und damit gegen etwas, was zwar auch wichtig, aber eben nicht ganz so wichtig ist. Und vielleicht erfreust du mit dem, das dir wichiger ist, auch gleichzeitig einen lieben Menschen. Das wäre schön. Es freut dich, ihm oder ihr eine Freude zu machen, und du machst es auch noch freiwillig.

Es ist selbstzerstörerisch, wenn jemand etwas anzieht oder ißt oder eine bestimmte Meinung kundtut, um anderen zu gefallen, obwohl es denen völlig egal ist, was derjenige trägt oder ißt oder denkt, solange er nicht unschlüssig in seinem Verhalten ist. Die meisten Menschen möchten gern etwas darstellen, möchten wichtig sein. Die meisten Menschen haben Angst, abgelehnt zu werden. Das heißt, wenn du in bezug auf deine Angewohnheiten oder Ansichten Unsicherheit zeigst, mußt du damit rechnen, daß jeder dich nur allzugern nach seinen eigenen Vorstellungen zurechtbiegt, weil er damit seine eigene Wichtigkeit unter Beweis stellen kann. *Wenn du aber selbstbewußt auftrittst, wird man dich höchstwahrscheinlich so annehmen, wie du bist, ohne weiter darüber nachzudenken.* Aller Voraussicht nach wirst du nicht darauf angesprochen werden, denn du könntest ja denjenigen zurückweisen.

Natürlich kann man nicht immer das tun, was einem gefällt. Gesetzt den Fall, du bist ein Mann und an deinem Arbeitsplatz besteht Krawattenzwang. Wenn dir dein Job gefälllt und du auf eine Beförderung hoffst, dann wirst du dich kaum ohne Krawatte dorthin wagen. In diesem Fall weißt du aber, was du tust und warum du es tust, und das ist etwas völlig anderes als aus Angst heraus zu handeln.

Wie dem auch sei, du solltest dafür sorgen, daß du deine Freizeit und deinen Urlaub so verbringst, wie es dir gefällt. *Deine Vorlieben und Interessen müssen im Vordergrund stehen. Wenn das nicht der Fall ist, dann mußt du deinen Lebensstil schleunigst ändern.*

Es ist leider eine Tatsache, daß viele Erwachsene außerhalb ihrer Arbeitszeit nur als Familienangehörige existieren. Dabei untersteht nur das kleine Kind dem Schutz der elterlichen Aura, während der Erwachsene mit einer unterentwickelten Persönlichkeit psychisch besonders verletzlich ist.

Wie kann jemand – beispielsweise ein Heranwachsender – seine Persönlichkeit entwickeln? Zuallererst braucht er Informationen, und zwar eine ganze Menge. Zu jedem Lebensbereich, in dem es gilt, Entscheidungen zu treffen, sollte er soviel richtige Informationen wie möglich zusammentragen.

Dazu gehört eine große Portion Entschlußkraft, aber nicht soviel, wie es auf den ersten Blick scheint. Wichtige Entscheidungen ziehen gewöhnlich eine Reihe von weniger wichtigen Entscheidungen nach sich (Wenn du zum Militär gehst, hast du nicht zu entscheiden, welche Kleidung du trägst.)

Dieses Buch ist für Menschen gedacht, denen die persönliche Weiterentwicklung am Herzen liegt und die den

Weg zur Entfaltung menschlicher Möglichkeiten vorbereiten und gehen. Deshalb möchten wir auch ein paar nützliche Hinweise für ein körperlich und seelisch gesundes Leben geben. Denn ganzheitliche Gesundheit stärkt auf natürliche Weise unsere Kräfte auf allen Ebenen und bewahrt uns vor feindlichen Angriffen.

Die Ernährung spielt seit jeher eine wichtige Rolle im Leben eines Menschen, verbindet sie doch den einzelnen mit bestimmten Traditionen, die wiederum mit bestimmten Glaubens- oder Verhaltensregeln verknüpft sind. Brahmanen, Buddhisten, Christen aller Art, Juden, Moslems sowie Menschen anderer Glaubensrichtungen haben allesamt ihre eigenen Eßgewohnheiten. Wir westlichen Esoteriker können mit Bestimmtheit sagen, daß wir beim Essen keine Verbote kennen. Wir akzeptieren keine traditionellen Beschränkungen nur um der Tradition willen. Andererseits sind die Menschen sehr verschieden, was Körperbau, Temperament und Gemütszustand betrifft, und es gibt einige, die aus freien Stücken und aus persönlichen Gründen mit ihrer Gottheit oder mit ihrem Gewissen eine Abmachung getroffen haben. Alle diese Einschränkungen spielen eine Rolle, wenn es um unsere körperliche, seelische und geistige Gesundheit geht.

Im folgenden soll die Beziehung zwischen vegetarischer Ernährung (oder besser gesagt, fleischloser Kost – die meisten Vegetarier nehmen auch Milch und Milchprodukte, Honig und Eier zu sich) und psychischem Selbstschutz untersucht werden. Offen und ehrlich gesagt, raten wir allen, die sich näher mit Esoterik beschäftigen oder an ihrer persönlichen Weiterentwicklung interessiert sind, zur vegetarischen Ernährung. Mehrere Gründe sprechen dafür. Finanzielle Überlegungen sind oft wichtig für junge Menschen, die einen Großteil ihres Einkommens lieber für andere Dinge als für Essen ausgeben, aber trotzdem auf ihre Gesundheit achten. Gutes Fleisch ist teuer, und auf minderwertige Fleischprodukte sollte man grundsätzlich verzichten. Ästhetische Gesichtpunkte spielen vor allem bei empfindsamen Menschen eine große Rolle. Allein die Zubereitung von Fleischspeisen stößt sie dermaßen ab, daß sie nichts davon essen können. Nicht zuletzt stellt sich beim Fleischgenuß auch die Frage nach der Gesundheit, und so gibt es denn viele, die ausschließlich aus gesundheitlichen Erwägungen zu Vegetariern geworden sind. Fast immer sind es aber Gewissensfragen – und Gewissen erstreckt sich auf verschiedene Punkte – die Menschen dazu bewegen, sich für eine vegetarische Ernährung zu entscheiden.

Als erste Überlegung, die gegen den Fleischverzehr spricht, ist der Widerwille zu nennen, andere Geschöpfe, die ähnlich wie wir zu Empfindungen fähig sind, zu erlegen, obwohl unsere Lebensumstände dies eigentlich völlig überflüssig machen. Eine zweite Überlegung (die zweite deshalb, weil die erste von vielen Völkern bereits vor Jahrhunderten angestellt wurde, noch bevor irgend jemand einen Gedanken an den zweiten Grund verschwendete) ist die gegenwärtige Notwendigkeit, die weltweiten Nahrungsmittelvorräte zu strecken. Wir bestaunen die bereits geleistete Arbeit in dieser Richtung: die herrlichen Gemüse aus der Retorte, einschließlich der Sojaprodukte. Manch einer weiß vielleicht noch nicht, wie gesund diese Erzeugnisse sind, aber in Verbindung mit frischem Obst und Gemüse sind sie für die menschliche Kost wie geschaffen.

Abgesehen von diesen Gedanken, die jeder haben könnte, haben sich Menschen auf dem Weg der persönlichen Weiterentwicklung zusätzliche Verpflichtungen auferlegt, denn das Unterbewußtsein muß vor Verdrängungen geschützt werden, nicht nur vor persönlichen Verdrängungen, sondern auch vor dem, was die jeweilige Kultur ablehnt und verdrängt. Und der Schlachthof ist eines der typischsten Beispiele für derlei Verdrängtes. Aus dieser Sicht erscheint es logisch, daß der Esoteriker in Anbetracht seiner Bestrebungen zumindest theoretisch dazu verpflichtet ist, so selbstgenügsam wie möglich zu leben. Da wir in weniger fortschrittlichen Kulturen gezwungen wären, unsere Kleidung und Gerätschaften selbst herzustellen, uns selbst ein Haus zu bauen und selbst für unsere Nahrung zu sorgen, sollten wir uns zumindest dafür interessieren, wie die Dinge des täglichen Gebrauchs hergestellt werden. Wenn wir dazu in einigen Fällen nicht bereit sind, den Anblick nicht ertragen können, dann wäre es besser für uns, das jeweilige Erzeugnis aus unserem Leben zu streichen.

In bezug auf psychischen Selbstschutz ließe sich dazu noch mehr sagen. Es gibt gute Gründe für und gegen vegetarische Ernährung. Dion Fortune war gegen eine fleischlose Ernährung, vor allem deshalb, weil sie darin eine »orientalische« Sitte sah, die mit der westlichen Welt bzw. mit dem westlichen Okkultismus nicht im Einklang stand. Zweifelsohne ist der Vegetarismus indischen Ursprungs, aber er erreichte die westliche esoterische Tradition bereits zu Lebzeiten von Pythagoras (6. Jahrhundert v. Chr.), wenn nicht sogar früher, und nicht erst zu der Zeit, als Helena Petrowna Blavatsky lebte. Und aus gutem Grund verbindet man heute hier im Westen mit Vegetarismus Spiritualität, Mystik und Wundertaten, wie es auch im Osten seit jeher der Fall ist.

Von besonderem Interesse ist für uns jedoch ein anderer Grund, den Dion Fortune gegen den Vegetarismus angeführt hat und den andere Autoren seitdem immer wieder anführen. Dion Fortune vertritt nämlich die Ansicht, daß fleischlose Kost den Selbstschutz erschwert, da sie eine Übersensitivität bewirkt, durch die der Vegetarier unnötigerweise für die Vorgänge in den unsichtbaren Welten empfänglich wird.

Falls dies ein stichhaltiges Argument ist, müßten wir dann nicht auch zu unserer Sicherheit alle Alarmanlagen und Sicherheitssysteme gegen Einbrecher abstellen? Nun gibt es aber durchaus Situationen, in denen Dion Fortunes Behauptung gerechtfertigt ist, und zwar dann, wenn ein von Natur aus sensitiver Mensch bereits psychischen

Angriffen ausgesetzt ist. Sollte die betreffende Person dann allein zu Verteidigungszwecken auf Fleisch verzichten? Die Antwort lautet: »Nein!« Ein Angriff ist nicht die richtige Zeit, um seine Eßgewohnheiten zu ändern, es sei denn, man sorgt für eine ausgewogene Ernährung.

Es gibt nur zwei Fälle, in denen wir dem Opfer eines psychischen Angriffs zur vegetarischen Ernährung raten. Im ersten Fall würde der Fleischverzehr die körperliche Gesundheit des Betreffenden beeinträchtigen, und im zweiten Fall würde er sein Gewissen erheblich belasten. In beiden Fällen hätte die betreffende Person schon erheblich früher mit dem Fleischessen aufhören müssen, und was den zweiten Fall betrifft, so müßte man sichergehen, daß es sich bei den Gewissensbissen nicht um eine List des Angreifers handelt, durch die er die Psyche seines Opfers für beängstigende oder verführerische Vorstellungsbilder empfänglich macht.

Wer jedoch an vegetarische Kost und die damit verbundene erhöhte Sensitivität gewöhnt ist, wird dies keineswegs als störend empfinden. So wie sich die Augen und die Haut an das Sonnenlicht gewöhnen, das einem, der nicht daran gewöhnt ist, anfangs noch zu schaffen macht, sind nämlich auch Nervensystem und Psyche durchaus anpassungsfähig. Auch werden Vegetarier in der Regel nicht so oft von negativen psychischen Zuständen oder schmarotzerhaften Wesenheiten heimgesucht wie Fleischesser.

Gerade bei einer fleischlosen Kost ist es ungeheuer wichtig, auf eine ausgewogene Ernährung zu achten, sowohl für das psychische Wohleregehen als auch für das Leben allgemein. Heutzutage läßt sich dies sicher besser bewerkstelligen als zu Lebzeiten von Dion Fortune. Dennoch hat es immer Menschen gegeben, die es bestens gemeistert haben.

Das Buch Daniel gewährt dazu interessante Einblicke und wurde offensichtlich auf der Grundlage gesicherter Kenntnisse geschrieben. Der Prophet Daniel, dazu die wundersamen Dinge, die um ihn herum passierten – seine Vorhersagen, seine führende Rolle bei der Rettung seiner Gefährten und seiner selbst vor den Löwen und dem Feuerofen – wird geschildert als geistig wie psychisch wohlbehüteter Mensch von einnehmendem Wesen. Er aß kein Fleisch, sondern ernährte sich hauptsächlich von Hülsenfrüchten, das heißt von Bohnen, Erbsen und Linsen, und diese Gemüse sind so reich an Proteinen, daß sie das Fleischessen praktisch überflüssig machen.

Seltsam ist nur, daß im späteren Verlauf der Geschichte König Nebukadnezar ebenfalls zu vegetarischer Kost überwechselt. Wir wissen nicht warum, aber offensichtlich hatten ihn Daniels Fähigkeiten so sehr beeindruckt, daß er nun ähnliche Kräfte erlangen wollte. Aus der Bibel erfahren wir nur, daß er dem Wahnsinn verfiel und daß er »Gras« aß. Mit Gras war ursprünglich wohl verschiedenes Grünzeug gemeint, doch so gesund Blattgemüse auch sein mag, für eine ausgewogene Ernährung reicht es nicht aus. Nebukadnezars »Rückkehr zur Natur« war offensichtlich nicht sehr erfolgreich.

Trotzdem gibt es zwingende Gründe, allen die sich für psychische und geistige Weiterentwicklung und ganz besonders für ihren psychischen Selbstschutz interessieren (momentan aber nicht belästigt werden), zu vegetarischer Ernährung zu raten.

Wie bereits mehrfach erwähnt, kommt es beim psychischen Selbstschutz darauf an, überschüssige Energien erst gar nicht entstehen zu lassen, weil sie sich sonst verselbständigen. Freigesetzte und unkontrollierte Energien ziehen »Raubtiere« an, körperliche wie nichtkörperliche.

Übersteigerte und zügellose Sexualität läßt sich im wesentlichen auf zwei ernährungsbedingte Umstände zurückführen: auf einen unnötig hohen Proteingehalt und auf Säure. (Genußmitel, das heißt Reizstoffe, wie Kaffee, Tabak und Alkohol sowie scharfe Gewürze fördern das Ganze noch, können aber wohl kaum als Nährstoffe gelten.) Viel Protein und Säure enthalten rotes Fleisch (zum Beispiel vom Rind), Austern, Hühnereier, Hähnchen, Kaninchen, Schweinefleisch und Fisch – Nahrungsmittel, die allesamt dafür bekannt sind, daß sie den Geschlechtstrieb steigern.

Viele Gemüsesorten dagegen, allen voran Lima-Bohnen, getrocknete Bohnenkerne, Sellerie und Möhren sind ausgesprochen alkalisch. Es sei in diesem Zusammenhang an die erstaunliche Eigenschaft von rohem Möhrensaft erinnert.

Das soll aber keineswegs heißen, daß eine vegetarische Ernährung die sexuelle Leistungsfähigkeit einschränkt. Ein Blick ins Tierreich sollte uns vom Gegenteil überzeugen, auch wenn wir nicht um die Bedeutung des Vitamingehalts von frischem, grünen Gemüse in dieser Hinsicht wüßten. Eine fleischlose Kost hat vor allem den Vorteil, daß sexuelle Energien nicht ungewollt und unkontrolliert vergeudet werden.

Alle, die ihr Leben selbst in die Hand nehmen, ihm eine bestimmte Richtung geben wollen, sollten unbedingt vermeiden, unkontrollierte Energien, insbesondere sexuelle Energien, freizusetzen. Wie bereits erwähnt, werden Astralvampire und andere Schmarotzer von den Energieausstrahlungen einsamer Menschen angezogen und machen sich die krankhafte Phantasie ihrer Opfer zunutze. Nicht selten gelingt es diesen Wesenheiten, ungehindert deren Aura zu durchdringen. Diese Energieausstrahlungen oder, besser gesagt, ihre Begleiterscheinungen können auch bewußt oder unbewußt auf der materiellen Ebene wahrgenommen werden.

Egal, für welchen Lebensbereich wir uns interessieren, wir sollten den Rat einer Expertin auf diesem Gebiet beherzigen. Mae West verkörperte die weibliche Sexualität in diesem Jahrhundert, sie studierte auch eingehend die menschliche Natur schlechthin und zeigte vor allem für psychische Phänome lebhaftes Interesse. In ihrer Blütezeit wurde sie einmal gefragt, was eine junge Frau ihrer

Meinung nach tun müsse, um ihre erotische Anziehungskraft zu steigern. »Soviel Fleisch essen, wie sie kann«, gab sie unter anderem zur Antwort.

Eine eindeutige Antwort auf eine eindeutige Frage und annehmbar für ein junges Mädchen, das diese Anziehungskraft ohne Umschweife erreichen will und weiß, was sie sich damit einhandelt. Wenn sie nicht vorhat, ihre Partner häufig zu wechseln, wird sie vermutlich wissen, wie sie die Situation in den Griff bekommt und verstehen, daß sowohl ihre eigenen Wünsche als auch die der Männer daran beteiligt sind.

Für eine Frau aber, die diese Erfahrung weder hat noch wünscht, sondern einfach nur so anziehend wie möglich sein möchte, im Sinne von hübsch und reizvoll, ist übermäßiges Fleischessen keine gute Idee. Wenn sie es im selben Bewußtsein tut, wie sie Buttermilch trinkt, um eine schönere Gesichtshaut zu bekommen, aufreizende Kleider trägt oder sich eine Blume ins Haar steckt, dann wird sie Ärger bekommen. Und das liegt unter anderem daran, daß die Auswirkungen des Fleischverzehrs nur unterschwellig wahrgenommen werden und der Mann kaum eine Chance hat, bewußt zu handeln.

Hinzu kommt, daß diese feinen Energieausstrahlungen eine höhere und damit schlechter zu kontrollierende Variante jener Ausdünstungen ist, die wir mit Deodorants und anderen schweißhemmenden Mitteln gewissenhaft beseitigen. Primitive Völker wissen dies. Es gibt zahlreiche Überlieferungen über einen sogenannten Liebeszauber: Eine Frau will sich die Liebe eines Mannes sichern und backt deshalb einen Gewürzkuchen für ihn. Während der Zubereitung hält sie den Kuchenteig zwischen ihre Schenkel oder unter ihre Achselhöhlen oder »lädt« ihn anderweitig mit ihren Körperausdünstungen auf. Der Mann wird es nicht bewußt wahrnehmen, aber dieser uralte Zauber erfüllt trotzdem immer wieder seinen Zweck.

Die moderne Frau, die auf einer anderen Ebene anziehend wirken möchte, sich die Menschen und die Art ihrer zwischenmenschlichen Beziehungen selbst aussuchen will, nicht irgendwann von unerwünschten Personen verfolgt oder in ihrem Auto vergewaltigt werden will und auch nicht von ihren eigenen unkontrollierten Trieben fehlgeleitet werden will, sollte in ihrem eigenen Interesse Vegetarierin werden.

Genauso klar liegt der Fall, wenn es um die Vorteile der vegetarischen Ernährung für das männliche Geschlecht geht. Auf die psychischen Gefahren, die – für Männer und Frauen – von übersteigerter Sexualität ausgehen, wurde ja bereits hingewiesen. Zu den körperlichen Leiden der Männer zählen nervliche Anspannung und Erschöpfung, Haarausfall und allgemeine Altersschwäche. Betrachtet man das Ganze unter dem Gesichtspunkt, daß eine fleischessende Bevölkerung auch andere Aufputschmittel und Reizstoffe zu sich nimmt (Fleisch als Säureproduzent ist eindeutig zu den Reizstoffen zu zählen), dann hat es den Anschein, als ob Männer sich in einem ziemlichen Zwiespalt befinden: auf der einen Seite die chemische und energetische Entleerung und auf der anderen Seite die psychischen Schäden der »sexuellen Verdrängung«. In diesen Zwiespalt gerät der Vegetarier zum Glück nicht mehr. Mit einer ausgewogenen fleischlosen Kost ohne künstliche Aufputschmittel und einer gesunden, aktiven Lebensweise, zu der auch geistige und emotionale Interessen gehören, kommt es nicht zu sexueller Verdrängung auf psychischer Ebene, weil gar keine überschüssige sexuelle Energie erzeugt wird. Auf der körperlichen Ebene wird es keine unfreiwillige sexuelle Betätigung mehr geben.

Trotz der großen Vorteile einer ausschließlich pflanzlichen Ernährung ist es manchmal auch schon hilfreich, wenn man mäßig ißt und auf Aufputschmittel verzichtet. Es gibt viele Menschen, die für ihre Selbstbeherrschung und die Beherrschung der Natur bekannt sind. Sie alle haben sich nie an eine bestimmte Kost gehalten, sie waren auch gar nicht in der Lage, irgendwelche Regeln zu befolgen, bis auf die, die ihnen von außen auferlegt wurden. Für den Städter von heute dagegen ist eine selbstauferlegte Ernährungsregel in den meisten Fällen sowohl möglich als auch nötig, und wenn verschiedene Möglichkeiten zur Wahl stehen, würden wir ausdrücklich zu einer vegetarischen Ernährungsform raten. Daß dies nicht unter allen Umständen möglich ist, weiß auch Laurens van der Post aus eigener Erfahrung und hat darüber ausführlich in seinen Büchern berichtet. Kontakte mit den elementaren Kräften sind aber auch dann möglich, wenn andere Voraussetzungen erfüllt sind: zum Beispiel karge Mahlzeiten, eine natürliche Umgebung und eine ernsthafte Absicht. (Falls der Fleischesser zu seiner Rechtfertigung den Forscher im Dschungel oder Elias anführt, der seine Fleischmahlzeit mit den Raben teilt, sollte er einmal über die jeweiligen Umstände nachdenken.)

Wir kennen Leute, sowohl Städter als auch Landbewohner, die die nötigen Voraussetzungen erfüllt haben. Die Art und Weise, wie sie Naturkräfte bezwungen haben, mag hier von einigem Interesse sein. Es geht nämlich umd die Beherrschung von Ratten und Mäusen.

Meist sind es mehr oder weniger weltabgewandt lebende Menschen, die eines Tages feststellen, daß die Zahl ihrer häuslichen Nagetiere beängstigend gestiegen ist. Der Mann oder die Frau hält also Ausschau nach einer anderen Bleibe für die Tiere – in der Regel ein leerstehendes Haus in der Nähe – und erzählt den Ratten oder Mäusen unbekümmert – ohne Rücksicht auf irgendwelche Ansprüche anderer Menschen – von diesem Haus und bittet sie, dorthin zu gehen. Und sie tun es.

Derartige Dinge sind zu oft passiert und von zu vielen Menschen bezeugt worden, um als Erfindung abgetan zu werden. Des weiteren haben wir Kenntnis von einem ähnlichen Fall, der moralisch eher zu vertreten ist.

Eine ältere Witwe lebte allein in einem verträumten Ort. Im Winter nisteten sich Mäuse in ihrem Häuschen ein und machten sich über ihre kärglichen Essensvorräte her. Da es sich bei den Eindringlingen aber nicht um Hausmäuse, sondern um Feldmäuse handelte, war sie geneigt, für die jahreszeitlich bedingten Bedürfnisse der kleinen Nager Verständnis aufzubringen. Sie gönnte ihnen zwar das bißchen, das sie fraßen, hatte aber entschieden etwas gegen den Schaden, den sie dabei anrichteten. Nachdem sie die Angelegenheit überdacht hatte, stellte sie sich eines Morgens in die Küche und sprach:

»Mäuse, ich weiß, daß ihr mich hören könnt, obwohl ihr euch versteckt habt. Ich werde eine Abmachung mit euch treffen. Das Essen, das auf dem Tisch und in den Regalen steht, gehört mir und ist tabu für euch. Ihr könnt aber alles haben, was auf dem Boden liegt. Wenn ihr Mäuse euch daran haltet, werden wir in Ruhe und Frieden miteinander leben.«

Die kleinen Nager müssen wohl das Wesentliche begriffen haben, denn fortan hielten sie sich genau an die Abmachung, so daß die alte Dame bereits nach kurzer Zeit zur Belohnung kleine Käsebröckchen auf den Fußboden legte.

Merke

- Wenn du während der Arbeit unter Lärm oder Schläfrigkeit leidest oder einem erhöhten Unfallrisiko ausgesetzt bist, dann überprüfe die äußeren Arbeitsbedingungen und deinen eigenen Lebensstil. Setze dich für mögliche Verbesserungen ein.

- Entziehe dich diesem Umfeld auf jeden Fall ein- oder zweimal täglich für kurze Zeit. Führe zunächst einige Entspannungsübungen durch und widme dich dann bis zu 20 Minuten deinem Höheren Selbst.

- Schließe öfter mal für einen Moment die Augen, insbesondere bei Streß und Ärger, und schicke einen liebevollen, vertrauensvollen Blick nach innen.

- Echte Befreiung deiner Psyche erreichst du nur, wenn du zum Vegetarier wirst.

Kapitel 6

Das Wichtigste auf einen Blick

1. Sobald viele Menschen länger zusammen sind, kommt der »Gruppengeist« zum Tragen.
   - In seinen schwächeren Erscheinungsformen sprechen wir von der »Gruppenaura«. Es handelt sich dabei um die »Gesamtausstrahlung aller Persönlichkeiten innerhalb dieser Gruppe«.
     Wenn die Gruppe nicht nur vorübergehend zusammenkommt (zum Beispiel für einen Theaterbesuch) und aus mehr als zehn bis zwölf Mitgliedern besteht, wird sie sich zwangsläufig in miteinander wetteifernde Untergruppen aufspalten.
     Derartiges Wetteifern, wie es zum Beispiel im Arbeitsleben vorkommt, erzeugt nicht selten eine sehr belastende Atmosphäre, in der einem unausgesprochene Regeln und merkwürdige Spielchen aufgezwungen werden.
   - Ein angemessenes Selbstschutzprogramm empfiehlt sich besonders für Menschen, die viel in der Gruppe arbeiten. Dazu gehört die regelmäßige Stärkung der Aura durch Visualisieren des Lichtturms sowie die Bewußtmachung, was in der Gruppe abläuft – besagte Spielchen und Regeln. Nur dann kannst du dich zurückhaltend und selbstbestimmt zur Haupt- und zu den diversen Untergruppen verhalten. Außerdem solltest du überlegen, inwieweit du wirklich in die Gruppe eingebunden bist. Bei der Arbeit solltest du dich auf deine Arbeit konzentrieren. Und vergiß nie, wem oder was gegenüber du zur Treue verpflichtet bist.
2. Lerne, deine Phantasie zu zügeln. In einem Verkaufs-

gespräch beispielsweise darfst du nicht zulassen, daß die Beschreibungen der angeblich so tollen Vorzüge der Ware in dir Gefühle auslösen, die dann dein vernünftiges Urteil über die Ware, basierend auf dem, was du tatsächlich siehst und weißt, übergehen.

- Die Vorstellungskraft läßt sich im wesentlichen durch »Verlangen« und »Angst« manipulieren. Keines von beiden führt vernünftige Entscheidungen herbei.
- Anerzogenes Verhalten kann die Vernunft ebenfalls stark beeinträchtigen. Deine »Höflichkeit« im Umgang mit anderen kann ein Verkäufer zu seinen Gunsten ausnutzen. Halte die »gesellschaftlichen Zwänge« aus Kaufgeschäften und geschäftlichen Entscheidungen heraus. Die Angst, »nein« zu sagen, erschwert das Festhalten an vernünftigen Entscheidungen und an einem eigenen Lebensstil.
- Durch das Festlegen auf eine bestimmte Rolle werden vernunftbestimmte Überlegungen ebenfalls erschwert. Verhalte dich nicht, wie man es von dir als Mutter oder Vater, als Ehefrau oder Ehemann, als gehorsames Kind, als Liebhaber usw. erwartet.
- Auch Schuldgefühle können deine Vorstellungskraft so beeinträchtigen, daß deine vernunftbestimmte Urteilskraft eingeschränkt ist. Laß niemals zu, daß dir irgendeiner wegen irgend etwas Schuldgefühle einredet, denn sonst bringt er dich dazu, seine Waren oder Dienstleistungen zu kaufen (auch wenn sie kein »Preisschild« tragen – wie es zunächst bei manchen Sekten den Anschein hat).
- Die Angst, »etwas zu verpassen«, sollte dein Urteil niemals beeinflussen.

Überlebensstrategien im Berufs- und Geschäftsleben

Was genau hat sich bei dem Gespräch der alten Frau mit den Mäusen, von dem wir im letzten Kapitel berichtet haben, abgespielt?

Es wird wohl niemand auf die Idee kommen, diese kleinen Nager mit ihrem kleinen Gehirn hätten die Worte der alten Dame verstanden und entsprechend umgesetzt. Die Worte waren nur insofern von Bedeutung, als sie der alten Dame halfen, sich voll und ganz auf die Mäuse zu konzentrieren und diese die verschiedenen Töne ihrer Stimme hörten, als die Frau ihre Gedanken, Gefühle und (zweifellos) ihre Vorstellungskraft auf die Lebensmittel, die Regale, den Fußboden und die Mäuse selbst richtete. Sie haben wahrscheinlich die allgemeine Stimmung und die klare Aussage der Frau erfaßt. Vielleicht haben sie auch intuitiv, wortlos sozusagen, ihr mildtätiges Wesen klarer erkannt, als sie es selbst je vermochte.

All dies wurde durch ihre Stimme, ihre körperliche Anwesenheit und die Astralebene ihrer Psyche vermittelt. Daß die Verbindung nicht zwischen ihr und jeder einzelnen Maus zustande kam, können wir mit ziemlicher Sicherheit sagen. Sie erfolgte vielmehr mit dem Gruppengeist, der die besagte Familie oder Sippe von kleinen Nagern in dem Häuschen zusammengeführt hatte.

Der Gruppengeist ist eine höchst interessante Erscheinung, die bei einigen Tieren stark ausgeprägt ist und vor allem bei Bienen und Ameisen ausgiebig erforscht wurde. Unübersehbar ist dieses »Rudelverhalten« bei Rindern, Hirschen und Wölfen. Auch Hunde haben einen Gruppengeist, bei Katzen ist er weniger ausgeprägt, aber immer noch erkennbar.

Zwischen Menschen und Tieren – besonders manchen Tierarten – kann er unter gewissen Umständen überaus stark entwickelt sein, nach unseren Erkenntnissen meist unter einfachen Lebensbedingungen. Den Gruppengeist sehen wir nur, wenn Menschen sich wie der Mob aufführen; ansonsten wird er meistens nicht wahrgenommen. Menschen, die viel mit Gruppen zu tun haben, wissen aber sehr wohl, daß sich der Gruppengeist über kurz oder lang regt, sobald viele Menschen für längere Zeit aufeinandertreffen.

Jeder Schauspieler, Trainer, Lehrer und Priester weiß, was Gruppengeist bedeutet; jeder, der mit Menschen zu tun hat, sollte darüber Bescheid wissen.

In seinen schwächeren Erscheinungsformen, wie zum Beispiel bei Menschen, die ein ausgeprägtes Bewußtsein für ihre Einzigartigkeit haben, wird der Gruppengeist eher als Gruppenaura wahrgenommen. Das ist die von Führungspersonen und Trainern bevorzugte Ebene, auf der sie mühelos Einfluß und Kontrolle ausüben können. Das ist auch die Ebene, auf der die Gruppenaura sich so lange hält, wie die Teilnehmer ganz normale, nach außen gerichtete Interessen und Betätigungen zeigen.

Die Gruppenaura kann das Leben des einzelnen positiv wie negativ beeinflussen. So kann es sein, daß ein Schulkind die ersten Jahre als Mitglied einer festen Gruppe verbracht hat, dann aber aus irgendeinem Grund (schlechte Noten, Umzug in eine andere Stadt) eine Veränderung eintritt. Das Kind verliert seine vertraute Gruppenaura, was dazu führen kann, daß sein schulisches Interesse erlahmt oder seine Gesundheit stark leidet. In anderen Fällen kann das Ergebnis durchaus positiv sein, und zwar insofern, als sich das Gefühl für die eigene Person dann festigt und reift. Nichts von alledem muß mit dem Verlust eines bestimmten Freundes oder eines Lehrers zu tun haben; es kann auch allein mit der Gruppe zusammenhängen.

Und damit kommen wir zum Thema: Gruppenaura in

der Berufs- und Geschäftswelt. Die Gruppenaura ist die Gesamtausstrahlung aller zur Gruppe gehörenden Persönlichkeiten, wobei einige von ihnen – eher die stark »eingebundenen« als die wirklich stärkeren – den Ton angeben. Doch wie sehr eine solche Aura auch gehegt und gepflegt wird, um einen allgemeinen »Teamgeist« hervorzubringen (und auch sehr oft, um einen einfacheren Umgang mit Menschen zu gewährleisten, als dies mit jedem einzelnen möglich wäre), sobald die Gruppe mehr als zehn oder zwölf Personen umfaßt, teilt sie sich automatisch, da die in einem Bereich »eingebundenen« Persönlichkeiten die aus einem anderen Bereich möglicherweise ablehnen.

Für einen Neuling kann dies sehr verwirrend sein, insbesondere dann, wenn er keinerlei Erfahrung mit Personalpolitik hat. Einige Firmen sind davon natürlich mehr betroffen als andere, doch meistens wird der Neuling so geschickt beeinflußt, daß er sich der Gruppenaura bzw. der richtigen Aura anpaßt.

Wenn ein oder mehrere Angehörige der Führungsebene auf einem Beförderungs- oder Machttrip sein sollten, kann das unliebsame Folgen für die Gruppenaura haben. Erstaunlich viele Dinge erhalten plötzlich eine neue Bedeutung. Unmittelbar davon betroffen sind bis dahin belanglose Angelegenheiten, wie zum Beispiel die sportliche Betätigung des einzelnen im Verein oder die Wahl seines Restaurants zum Mittagessen. Unter anerkannten Führungskräften wird über solche Themen in der Regel nicht gesprochen; da genügt schon ein bißchen Wachsamkeit in Verbindung mit einer unterschwelligen Habachtstellung.

Eine junge Frau, die erst kurze Zeit in der Buchhaltung einer großen Maschinenbaufirma arbeitete, fand ihr Großraumbüro zwar modern und schick, aber sonst ziemlich farblos. Dann entdeckte sie – allerdings auf einigen weiter entfernt stehenden Schreibtischen – wunderschöne Rosen. Am nächsten Tag brachte sie aus dem Garten ihres Vaters einen Armvoll Rosen und zwei oder drei Vasen mit.

Der Bürovorsteher, dem sie ebenfalls einen Strauß anbot, forderte sie peinlich berührt auf, alle Blumen in die Toilette zu stellen und abends wieder mit nach Hause zu nehmen. Später erfuhr die »Neue«, daß nur einer berechtigt war, Rosen mitzubringen, und das war Herr X, der größte Konkurrent ihres Chefs im Hinblick auf eine Beförderung, die aber erst zu Weihnachten anstand. Rosen auf seinen Schreibtisch zu stellen wäre eine echte Beleidigung für ihn gewesen.

Wer stellt solche Regeln auf? Niemand. Das zeichnet diese Spielchen aus. Irgend jemand tut etwas auf eine Art und Weise, die nicht sogleich auffällt oder bei anderen auf Widerstand stößt, und innerhalb von wenigen Tagen wird es »stillschweigend hingenommen«, ist fester Bestandteil der Aura geworden. Meistens handelt es sich um Kleinigkeiten, doch es ist erschreckend, welch bitterer Ernst dabei im Spiel ist. Die Karten liegen gewissermaßen auf dem Tisch: Tennis oder Schwimmen, Rosen oder keine Rosen, doch die Einsätze bestimmt die Gruppenaura. Wer hat das Sagen, wer hat Anrecht auf eine Beförderung, wer gibt das Tempo an, wer genießt Ansehen, wer hat die besten Führungseigenschaften und die nötige Härte? Dieses Spiel ist nervenaufreibend und kann zu endlosen Eifersüchteleien führen.

Die wichtigste Frage hierbei lautet: Wie wirkt sich dieses »Auraspiel« auf deine Aura aus? Bei manchen Menschen hat es den Anschein, als würde ihre Aura regelrecht von der gefühlsmäßigen Kraft der Gruppenaura verschlungen. Im Fall der Frau mit den Rosen war die Auswirkung auf die Büroangestellte wohl kaum so heftig wie auf ihren Chef.

Schutzmaßnahmen am Arbeitsplatz:
Wenn du das Gefühl hast, daß an deinem Arbeitsplatz ständig irgendwelche Machtkämpfe ausgetragen und Kleinigkeiten hochgespielt werden, dann brauchst du höchstwahrscheinlich dringend irgendeine Art psychischen Selbstschutz. Hier sind ein paar praktische Tips:

1. Visualisiere regelmäßig den »Lichtturm«, auch die in Kapitel 5 vorgestellte Abwandlung zur Stärkung deines Bewußtseins für dein Höheres Selbst. Das ist für dich von größter Bedeutung; du solltest in einem solchen Umfeld allerdings absolut nichts über dein Seelenleben verlauten lassen. Menschen mit einer stark entwickelten Gruppenaura werden wahrscheinlich ohnehin spüren, daß du im geheimen aufmüpfig bist. Gib ihnen also keine Gelegenheit, über Dinge zu reden oder zu lästern, die sie nicht verstehen.
2. Alles, woran dir nicht wirklich gelegen ist, solltest du widerspruchslos hinnehmen. »Die anderen« finden ihr Verhalten normal. Das liegt wohl daran, daß sie das Gefühl für Normalität verloren haben, aber es hilft dir kaum, daß du »der einzige bist, der mitläuft«.
3. Wenn du deine Arbeit nicht magst oder liebst, dann überleg dir zu kündigen, und such dir ein weniger aufreibendes Umfeld. Wenn du sie aber doch magst oder liebst, dann solltest du sie auch bestmöglich erfüllen. Widme ihr all die Energie und Aufmerksamkeit, die andere in ihre Auraspielchen stecken. Das bewahrt dich davor, in ihre astralen Strömungen hineingezogen zu werden. Sorge dafür, daß deine Kollegen dich schätzen und mögen.
   Laß dich nicht zum Tratschen verleiten, wenn du einmal nichts zu tun hast. Biete deine Hilfe jemandem an, der es verdient. Doch bedenke: Was immer du auch anbietest, gib dir die größte Mühe damit.
4. Sei genauso begeisterungsfähig, was deine Freizeit angeht. Wahre die Verhältnismäßigkeit: Das Spiel sollte genauso viel Platz einnehmen wie die Arbeit, und

gönn dir für beides die nötige Ruhe. Achte auch auf eine vernünftige Ernährung.

5. Auch wenn du bei der Arbeit nicht gerade glänzt (aber selbst wenn, und dir diese Vorgehensweise zusagt), starte einen Gegenangriff. Das Auraspiel ist nicht nur etwas für Topmanager. Leg dir ein neues Ansehen zu (es muß natürlich etwas sein, womit du sowohl psychisch als auch finanziell leben kannst, du kannst dich schließlich nicht ständig verändern). Pflege dieses neue Ansehen. Sei all das, wovon du schon immer geträumt hast, wenn möglich, noch mehr, versuche anschließend aber nicht, Gewinn daraus zu schlagen. Gib deine Beweggründe nicht zu erkennen.
   Du mußt ja nicht gleich Elissa la Zouche sein, eine interessante und erfolgreiche Frau. Sie war »Zeitarbeiterin« und als solche an jeder Arbeitsstelle die »Neue«, die Außenseiterin. Die meisten Zeitarbeiter machen wohl diese Erfahrung. Um damit fertig zu werden, versuchen sie, eine Atmosphäre der Vertrautheit vorzutäuschen. Sie kommen herein und sagen »hallo«, als hätten sie schon ein dutzendmal in dem Betrieb gearbeitet (wahrscheinlich kommt es ihnen auch so vor), und jeder kommt mit ihnen klar.
   Elissa war da anders. Wenn sie hereinkam, wußte man sofort, daß man ihr noch nie zuvor begegnet war. Sie war groß, schlank und blond und immer ungeschminkt. Ihre Kleidung – sie wechselte zwischen drei verschiedenen Teilen – bestand ausschließlich aus teuren Klassikern im sportlichen Stil und war ganz in beige- und erdfarbenen Tönen gehalten. Man hatte irgendwie das Gefühl, als würde sie einem einen riesigen Gefallen damit erweisen, hier zu arbeiten.
   In der Mittagspause holte sie ihr Brot und einen Taschenbuchroman (meist der, von dem die Kritiker gerade hellauf begeistert waren) hervor, setzte sich mit dem Rücken zum Büro und aß und las für sich allein bis fünf Minuten vor Pausenschluß. Niemand

wagte es, sie anzusprechen, außer während der Arbeitszeit, doch das betraf dann ausschließlich die Arbeit; und jeder hielt sie für eine hochgestellte Persönlichkeit mit großem Verantwortungsbewußtsein. Nach Ablauf ihres Arbeitsvertrages – eine ganze Weile später – kamen dann nach und nach ihre kleinen Schnitzer und groben Fehler sowie die Überschreitungen ihres Zuständigkeitsbereichs ans Licht, aber immer wieder wurde eine Entschuldigung für sie gefunden, nie verlor sie ihr Ansehen, etwas Besseres zu sein.

6. Sieh zu, daß du Verbündete findest. Wenn die Hauptgruppe in deinem Büro eine sehr »gefestigte« Aura hat, gibt es vermutlich außer dir noch andere, die sich nicht darum scheren. Aller Wahrscheinlichkeit nach sind sie unauffällig, erweisen sich aber bei bei näherem Kennenlernen oft als höchst interessante Zeitgenossen. Darunter sind oft Menschen, die einer Minderheitsreligion angehören, Menschen mit ausgeprägten geistigen Interessen innerhalb oder außerhalb ihres Berufes, das Mädchen, das seine große Karriere in Angriff nimmt, sobald es genügend Geld gespart hat, der Mann, der eine beachtliche Vielfalt an häuslichen Hobbys entwickelt hat, damit er seine kranke Frau abends nicht allein lassen muß; der Künstler, der Dichter, der Erfinder, die nur für ihren Lebensunterhalt arbeiten gehen, deren Herz aber an etwas ganz anderem hängt – all diese Menschen meiden die Gruppenaura genauso geflissentlich wie du, vielleicht sogar noch geflissentlicher. Freunde dich mit ihnen an, aber versuche nicht, sie dazu zu bewegen, sich zusammenzuschließen, es sei denn, sie wollen es ausdrücklich. Diese Menschen sind entweder aufgrund der Umstände oder aber von Natur aus Einzelgänger. Finde es heraus, bevor du eine gute Freundschaft aufs Spiel setzt.
7. Laß dir nicht einreden, du wärst abtrünnig, wenn du es nicht bist. Dein Einsatz als Arbeiter sichert dir

deinen Lohn. Du schuldest ihn deinem Chef oder der Organisation, für die du arbeitest (in erster Linie aber dir selbst), um gesund zu bleiben, gute Nerven zu behalten und deine Fähigkeiten bestmöglich einzusetzen. Verhalte dich also dementsprechend.

Lebensmitteleinkäufe, Hauskauf:
Ob es nun um den Kauf eines großen oder kleinen Postens geht, um ein Haus, ein Auto, ein Päckchen Fertigsuppe oder ein Paket Waschpulver, im Grunde geht es immer um dasselbe: Du willst etwas kaufen, und wenn die Ware deinen Vorstellungen entspricht, bist du bereit, einen angemessenen Preis dafür zu zahlen. Wenn die Ware nicht deinen Wünschen entspricht, willst du sie auch nicht kaufen, egal zu welchem Preis. Auch das beste Schnäppchen ist reine Geldverschwendung, wenn es nutzlos ist oder Unannehmlichkeiten bereitet.

Rein theoretisch besteht die Aufgabe des Verkäufers oder der Verkäuferin darin, dich eingehend zu beraten, damit du in bezug auf die Ware und den Preis eine Entscheidung treffen kannst. Die Wirklichkeit sieht leider oft anders aus. Da wird die Aufgabe der Verkaufsperson lediglich im Verkaufen gesehen, unter allen Umständen.

Das alte Motto der Branche, das da lautete *Caveat emptor* (der Käufer möge sich in acht nehmen), ist mittlerweile überholt. Meist lohnt es sich für den Verkäufer gar nicht, falsche Angaben zu machen, aber es könnte sich für ihn lohnen, den Kunden zu einer falschen Entscheidung zu bewegen.

Außerdem kann kein Gesetz der Welt einen Kunden davor bewahren, dem Kauf einer Sache höflich zuzustimmen und zu zahlen, auch wenn er diese im Grunde gar nicht will. Manchmal kann man zwar innerhalb einer Woche vom Kaufvertrag zurücktreten, aber räumliche und zeitliche Schwierigkeiten sowie die Angst, das Gesicht zu verlieren, halten dann doch viele Leute von einem Widerruf ab. Deshalb ist es allemal besser, als Kunde vorsichtig zu sein.

Wie bringt dich ein Verkäufer dazu, das zu kaufen, was er dir verkaufen will? Auf die gleiche Art und Weise, wie du eine Maschine dazu bringst, das zu tun, was du willst: Er drückt einfach auf die richtigen Knöpfe.

Aber ein Mensch ist doch keine Maschine? Natürlich nicht, und in diesem Abschnitt wollen wir aufzeigen, warum nicht.

Der *erste Knopf,* auf den man drücken kann, ist der deiner *Vorstellungskraft.* Und das geht wirklich ganz einfach, weil du, um zu einer Kaufentscheidung zu gelangen, regelrecht gezwungen bist, ein bißchen Phantasie zu entwickeln. *Zügele also deine Phantasie.*

Wenn du gebeten wirst, dir vorzustellen, wie einfach es ist, ein Fertiggericht auf den Tisch zu bringen, dann schau dir erst mal die Zutatenliste auf der Packung an, und überleg dir, ob du und deine Familie die dort aufgeführten Dinge wirklich essen wollen. Wenn du dir vorstellen sollst, wie schön es ist, an einem Sommertag über den Rasen zu deinem Auto zu schreiten, dann stell dir auch vor, wie es an einem kalten Winterabend sein würde. Hüte dich vor überschwenglichen Schilderungen, vor sprachgewaltiger Wortmalerei. Das Ganze dient nicht der Unterhaltung, damit soll vielmehr die Vorstellungskraft in eine Falle gelockt werden. Selbst wenn du nicht weißt, worauf diese Schilderungen abzielen, unterbrich sie.

Hierzu das Beispiel eines ehrenwerten Richters, der einen Mordfall zu verhandeln hatte. Darin ging es um eine reiche Dame, die ihrem langjährigen Arzt ein beträchtliches Erbe hinterlassen hatte, woraufhin ihre erboste Verwandtschaft ihn des Mordes bezichtigte. Wie es der Zufall wollte, war es während des ganzen Prozeßverlaufs sehr heiß, und als ein schwüler Tag auf den anderen folgte, wurden viele der Anwesenden im überfüllten Gerichtssaal, einschließlich der Geschworenen, schläfrig und unaufmerksam. Der Staatsanwalt erging sich in einem langen Schlußwort und beschrieb, wie die Betäubungsmittel in immer höheren Dosen verabreicht worden waren, so daß die Patientin, schwach, kraftlos und erschöpft wie sie war – (an dieser Stelle wurde auch die Stimme des Anwalts immer schwächer) – ohne aufzubegehren oder aufbegehren zu wollen – eingelullt von den Schlafmitteln – immer mehr wegdämmerte, bis sie ganz friedlich ...

»Sprechen Sie bitte lauter, ich kann sie nicht verstehen!« fuhr der Richter plötzlich dazwischen. Ruckartig und mit schuldbewußter Miene nahmen alle im Gerichtssaal wieder Haltung an. Der Anwalt fuhr mit seinem Plädoyer fort, doch der Bann war gebrochen. Der Arzt wurde zu Recht von der Anklage freigesprochen.

Wenn also jemand in den rosigsten Farben schildert, wie toll sich die Zukunft deiner Kinder gestaltet, wenn sie im Studium über das neueste Wörterbuch verfügen, oder wie sicher dich das Auto, das du lediglich für den Weg zur Arbeit brauchst, in den Urlaub bringt, zum Beispiel in die atemberaubende Bergwelt – Sie mögen doch Berge, nicht wahr? – dann bring das Gespräch rasch wieder auf die Tatsachen zurück. Die schönen Bilder kannst du dir alle selbst ausmalen.

Es gibt zwei wirkungsvolle Möglichkeiten, um die Vorstellungskraft zu beeinflussen: durch Verlangen und Angst. Vergiß nicht, die Vorstellungskraft entzieht sich der Vernunft; sie ist an unsere Gefühle, unsere Instinkte und an unsere Sinneswahrnehmungen gekoppelt, aber nicht unmittelbar mit unserem Verstand verbunden. Die eben genannten Beispiele, bei denen zum einen der Wunsch nach erfolgreichen Kindern und zum anderen die Liebe zu den Bergen aufkommt, zeigen deutlich, wie sehr das Vorstellungsvermögen durcheinandergebracht werden kann. *Was kaufst du da eigentlich? Denk darüber nach!*

Wenn Verlangen und Angst zusammenkommen, können sie mächtig Druck auf deine Kaufbereitschaft ausüben. Nehmen wir einmal an, das Angebot hat offensichtliche Vor- und Nachteile; der Preis ist angemessen, die Ware ist einigermaßen ansprechend, aber befindet sie sich auch in einem guten Zustand? Du schlägst vor, sie von einem anderen begutachten zu lassen.

Der Verkäufer wird dann vielleicht folgendermaßen antworten: »Wenn Sie das Haus (Auto oder ähnliches) wollen, müssen Sie sich sofort entscheiden. Ich habe noch einen anderen Interessenten an der Hand und kann den Verkauf nicht länger hinauszögern.«

Auch hier heißt es wieder: nachdenken. Welchen Grund sollte der Verkäufer haben, dich zu bevorzugen? Wenn jemand anderes ein Kaufinteresse hat, warum wurde das Geschäft dann noch nicht abgewickelt? Oder hat der andere Kunde vielleicht irgendwelche Bedenken? Dann solltest du vielleicht auch Bedenken haben, oder etwa nicht? Ja, das solltest du! Und darüber hinaus ist die Existenz dieses »anderen Kaufinteressenten« höchst zweifelhaft.

Es gibt noch *einen anderen Knopf,* der bei vielen Leuten wunderbar funktioniert: der »*Höflichkeitsknopf*«. Verkaufsgespräche für einigermaßen wertvolle Waren werden in der Regel auf einer vertraulichen Ebene geführt. Das ist fast überall auf der Welt so. Doch wenn du dich in dieser Situation nicht absolut »zu Hause« fühlst, beschließt du womöglich (fälschlicherweise), daß dies nicht der richtige Zeitpunkt ist, um entscheidende Fragen zu dem betreffenden Kaufobjekt zu stellen, vor allem dann, wenn die Gegenpartei das Gespräch ständig auf andere Themen lenkt.

Um sich in jeder Situation zu Hause zu fühlen, muß man die Situation nicht schon vorher durchlebt haben. Wichtig ist, daß man sich in seiner schützenden Aura zu Hause fühlt, und das wiederum ist weitgehend davon abhängig, wie bewußt man seine Aura wahrnimmt. (Gelegentlich ist es genau andersherum. Zum Beispiel dann, wenn jemand, der sein Lebtag ein Angsthase war, sich plötzlich in einer Krise oder Notlage befindet und nicht länger ein Angsthase sein will. Aber in der Regel sieht es so aus, daß man entweder von Geburt an Selbstvertrauen hat oder sich dieses im Laufe des Lebens erarbeiten muß.)

Ob zu Hause, in deiner Familie oder bei der Arbeit, egal wo du bist, nutze jede Gelegenheit, Mut und Vertrauen in deine schützende Aura zu entwickeln.

Hab also keine Angst, das Gespräch selbst in die Hand zu nehmen. Wenn es Punkte gibt, über die du reden möchtest, Fragen, auf die du gern eine Antwort hättest, dann ist jetzt der richtige Zeitpunkt dafür. Das zeugt vielleicht nicht von den besten Umgangsformen – aber dies ist nun mal kein geselliger, sondern ein geschäftlicher Anlaß, der sich als geselliger tarnt. Enttarne ihn. Geh gleich zu den wichtigen Dingen über: Schau auf deine Uhr, wenn es dir gefällt, und stelle gleich deine Fragen. Sofern alles in Ordnung ist, wird der Verkäufer in der Regel ganz froh sein, daß du so vorgehst. Denk daran, auch er ist vielleicht nervös und plaudert nur ununterbrochen, weil er sich nicht traut, auf den Punkt zu kommen. Aber laß dich nicht wieder ablenken.

Nahrung läßt sich gleich auf zwei Ebenen als wirksame Waffe einsetzen. Essen hat sehr viel mit unseren anerzogenen Vorstellungen von Höflichkeit zu tun und mit dem, was wir unserem Gastgeber schuldig sind. Essen kann aber auch unseren Widerstand schwächen, insbesondere, wenn wir einen gesegneten Appetit haben. Rein instinktiv begegnen wir dann dem edlen Spender mit Wohlwollen. (Das ist auch das Gefährliche und Heimtückische an Geschäftsessen!) Und es funktioniert bei großen wie kleinen Geschäften.

Du würdest dich doch auch nicht von jemand, der dir ein Haus verkaufen will, zum Essen einladen lassen, und die Sache damit als »gegessen« ansehen. Aber genau das passiert immer wieder. Vor allem in der Geschäftswelt kommt es häufig vor, daß die Hochstimmung am Mittagstisch für seltsame Entscheidungen sorgt.

Ähnliches kann dir im Supermarkt passieren. Du hast das Haus früh verlassen, um genügend Zeit für den Einkauf der Sonderangebote zu haben, und just in dem Moment, wo du eine leichte Mattigkeit verspürst, taucht eine adrett gekleidete Dame auf und verteilt Proben von irgendeinem Produkt das (in der Regel) appetitlich duftet. Du nimmst eine – warum auch nicht? – und stehst ziemlich unsicher und knabbernd da, während die Dame ihren Spruch über die vielen Vitamine, die wenigen Kalorien usw. herunterleiert. Kaum hast du aufgegessen, überreicht sie dir ein Päckchen. Sagst du bloß »Danke, ich nehme zwei«, ohne weiter zu überlegen?

Lies zuerst sorgfältig das Etikett und denk nach. Bevor ein Produkt auf den Markt gebracht wird, will der Hersteller sichergehen, daß es auch eine bestimmte Käuferschicht dafür gibt. Aber gehörst du oder deine Familie dazu? Wenn du das Produkt wirklich kaufen willst, okay. Wenn nicht, legst du es einfach wieder ins Regal. Du bist der Dame nichts schuldig. Halte dir das stets vor Augen! Noch besser wäre es, wenn du der Frau anschließend erklären könntest, warum du nichts kaufst. Meist sind diese Leute gut geschult und leiten alles, was du sagst, an den Hersteller weiter. Du bist vermutlich nicht der einzige Mensch, der ihr sagt, daß das Produkt zuviel Zucker enthält, oder daß du nie etwas kaufst, worin dieses Konservierungsmittel enthalten ist, oder daß niemand in deiner Familie dergleichen ißt. Sie wird dir nicht böse sein. Du nimmst ihr nicht nur Arbeit ab, sondern erweist dir und deiner Familie auf lange Sicht einen guten Dienst. Stellungnahmen der Kunden führen langfristig zu besseren Produkten, zu Lebensmittteln, die eher nach deinem Geschmack sind.

Es gibt noch einen Knopf, auf den du sehr gut verzichten kannst: *der Knopf, der dich auf eine bestimmte Rolle festlegt,* zum Beispiel die des guten Ehegatten, des braven Kindes, der treusorgenden Mutter oder gar des guten Liebhabers. Bist du dafür empfänglich?

Natürlich ist es toll, wenn du eine dieser Rollen erfüllst, aber wenn man dich auf diese eine Rolle festlegt, wirst du leicht von allen möglichen Leuten ausgenutzt. Sie gehen dann davon aus, daß du in dem Bereich das Denken eingestellt hast und gefühlsmäßig auf die entsprechenden Reize reagierst. Und selbst wenn das nicht zutrifft, kann es für dich peinlich, schwierig, ja fast unmöglich werden, dich mit Anstand aus der Affäre zu ziehen. Du mußt dein Augenmerk daher ganz auf die Tatsachen, die tatsächlich beteiligten Personen und dich selbst richten.

Würde es deinem Ehemann gefallen, wenn du dir ein atemberaubend sexy Negligé zu seinem Geburtstag kaufst? Wäre deine Ehefrau begeistert, wenn du ihr ein wirklich ausgefallenes Schmuckstück schenken würdest? Würde sich deine Mutter wirklich freuen, wenn du sie am Muttertag zum Essen einlädst, oder stimmt sie dieser Einladung als »gute Mutter« nur pflichtbewußt zu? Die Antwort auf jede dieser Fragen ist entweder »ja« oder »nein«, ob du immer die richtige Antwort weißt, hat nicht zuletzt auch etwas mit deinen Finanzen und deinem Leben zu tun.

Dieses Thema läßt sich endlos ausdehnen. Dazu einige Beispiele: Ein Verkäufer führt die junge Mutter durch ein Haus. »Sie haben also drei Kinder, liebe Frau Soundso? Dann wird Ihnen die Küche gefallen – alle Oberflächen aus rostfreiem Stahl und weißem Lack, alles perfekt zu reinigen und absolut hygienisch.«

Sie wird dem zustimmen oder auch nicht. Vielleicht hält sie eine freundliche, wohnliche Atmosphäre wichtiger für die Kinder als klinische Hygiene. Weil sie aber nicht direkt nach ihrer Meinung zu der Küche gefragt wird, statt dessen ihre Kinder mit ins Spiel gebracht werden, wäre es möglich, daß sie sich verwirren läßt, wenn sie nicht aufpaßt, Schuldgefühle entwickelt, oder es ihr einfach unangehm ist, dem Verkäufer zu widersprechen. Er hat ihr zu verstehen gegeben, daß eine »gute Mutter« ihm in diesem Punkt zustimmen muß. Der Verkäufer hatte natürlich nie vor, sie nach ihrer Meinung zu fragen. Er wollte lediglich, daß sie die Küche nimmt.

Damit kommen wir zum wichtigsten Punkt beim Thema »Kaufunlust«. Es gibt eine Verkaufstechnik, die nicht gerade rücksichtsvoll, dafür aber sehr erfolgreich ist und darin besteht, den Kunden dazu zu bringen, »etwas« gut zu finden, ganz gleich, ob er dieses »Etwas« dann kauft. Auch wenn kein Verkäufer versucht, dir etwas zu verkaufen, nimmst du beim Betreten eines Ladens die Stimmung Umstände bewußt wahr, weil sie es möglicherweise ist, die du beim Kauf einer Ware gut findest. Spielt irgendwelche Musik im Hintergrund? Riecht es gut in den Räumen? Und wie steht es mit gedämpftem Licht? Je mehr Annehmlichkeiten es gibt, desto unwahrscheinlicher ist es, daß sie nicht geplant sind. Sie tragen wesentlich dazu bei, daß du die Ware dort angenehmer findest als anderswo. Sie gehören zu der Glitzerwelt, an die fast alle im Grunde ihres Herzens glauben wollen.

Nicht alle Geschäfte, die sich dieser Tricks bedienen, verkaufen minderwertige Ware. Einige bieten sogar qualitativ hochwertige Produkte an. Allerdings zahlt der Kunde für das noble Umfeld dann auch einen höheren Preis.

Diese Dinge funktionieren aus dem gleichen Grund, aus dem Menschen sich nicht trauen, bei der Abwicklung eines privaten Geschäfts die wirklich entscheidenden Fragen zu stellen, die Hausfrau sich genötigt fühlt, die probierte Ware zu kaufen, der erfahrene Verkäufer so erpicht darauf ist, daß du ihm zustimmst. Von Kindesbeinen an hat man uns darauf gedrillt, bloß nicht »nein« zu sagen. Es ist unhöflich, »nein« zu sagen. Es ist nicht nett,

»nein« zu sagen. Später fürchten wir, das Ego eines anderen mit unserem »Nein« zu verletzen. Viele entwickeln einen regelrechten Aberglauben gegen das »Nein«-Sagen. Es ist ein »Unglückswort« – wenn du es zu A sagst, sagt B es vielleicht zu dir. Du kannst Dingen ausweichen, aber nicht sie ablehnen. Wenn du nicht zur Party gehen willst, mußt du »ja« sagen und dir eine plausible Entschuldigung für dein Nichterscheinen suchen. (Eine Frau löste dieses Problem mit Hilfe eines Parfüms, von dem sie wußte, daß sie dagegen allergisch war. 24 Stunden vor einer lästigen Verabredung benutzte sie das Parfüm, und jeder, der sie danach sah, riet ihr energisch, im Bett zu bleiben. Sie litt an einer echten Allergie, und es ging ihr wirklich schlecht, aber das war es ihr wert.)

Wer eine Diät macht, fragt sich oft, warum ihm so viel Feindseligkeit von seiten seiner Verwandtschaft – insbesondere von den Eltern – entgegengebracht wird. Diese feindselige Haltung richtet sich im allgemeinen – bewußt oder unbewußt – gegen die Diät, die dem, der sie macht, eine Rechtfertigung gibt, bestimmte Dinge zu verweigern. Ein Nahrungsmittel zu verweigern, faßt derjenige, der es anbietet, als Ablehnung seiner Person auf. Deshalb muß man dem Verweigerer zumindest ein schlechtes Gewissen einreden. Warum sind die Eltern nicht stolz auf so ein willensstarkes Kind?

Würden wir das Wort »nein« nicht länger ächten, kämen wir einer gesünderen, stärkeren und ehrlicheren Gesellschaft ein ganzes Stück näher. *Es gibt Situationen, in denen ein striktes »Nein« vonnöten ist, und wenn nicht früher, dann später. Deshalb hat es keinen Sinn, eine schwammige Antwort zu geben und zu hoffen, daß sich das Problem von allein löst.*

Ein solcher Fall tritt ein, wenn du einem anderen ein- oder zweimal einen Gefallen getan hast (zum Beispiel unbezahlt Überstunden gemacht oder einem Familienmitglied zu Hause mehrmals nachgegeben hast) und dann feststellen mußt, daß die Ausnahme zur Regel wird und du nicht einmal mehr gefragt wirst, ob du was dagegen hast.

Dir bleibt keine andere Wahl, als energisch zu werden, und zwar sofort. Vermutlich wird niemand bestreiten, daß du nur deine Rechte einforderst. Die anderen, denen du auf die Füße trittst, werden dich zwar beschuldigen, ihre Gefühle verletzt zu haben (egal, was sie dir angetan haben), aber das kannst du als Zeichen deines Sieges werten. Sei stark!

Entschlossenes Auftreten brauchst du auch, wenn du mit Menschen zu tun hast, die kein Nein als Antwort akzeptieren wollen. Dazu zählen auch verschiedene Sorten von religiösen Eiferern, die an die Haustür kommen und dich zum Kauf und zum Lesen religiöser Schriften oder zum Besuch ihres Gottesdienstes überreden wollen.

Wenn du nicht daran interessiert bist, solltest du das sofort klarstellen. Wenn du findest, daß es nicht gerade nett ist, jemanden, der über Gott reden möchte, kurz und bündig abzufertigen, wirst du Schwierigkeiten haben, diese Leute wieder loszuwerden. Es hat meist keinen Zweck zu sagen, du kommst vorbei, und dann doch nicht hinzugehen, denn sie werden dich garantiert wieder aufsuchen, wenn es nicht gerade eine unüberschaubar große und vielbeschäftigte Vereinigung ist.

Es hat seinen Grund, warum du gegenüber diesen Leuten so bestimmt auftreten mußt. Für gewöhnlich gehen sie auf zwei verschiedene Arten vor. Die erste basiert auf Charme und Freundlichkeit; man versucht, eine ganz persönliche Beziehung herzustellen, gewissermaßen von Mensch zu Mensch. Wenn du also zu lange damit wartest, ihnen zu sagen, daß du nicht interessiert bist, mußt du dich erneut mit verletzten Gefühlen auseinandersetzen. Es mißfällt dir, einen lieben, netten Menschen vor den Kopf zu stoßen, doch am besten bringst du es schnell hinter dich.

Die zweite Vorgehensweise besteht darin, dir Schuldgefühle einzureden, egal weshalb, Hauptsache, du fühlst dich schuldig – schuldig, weil du sie zurückweist, schuldig wegen irgendeines Vorfalls in deinem bisherigen Leben, schuldig wegen allem und jedem. Einige Sekten können es überhaupt nur mit Neulingen, die eine gehörige Portion Schuldgefühle mitbringen. Auch das ist ein Grund für dich, sie schnell wieder loszuwerden, sonst kann es dir passieren, daß sie dir welche anhängen.

Trickspieler, denen man zufällig auf Reisen begegnet, verdienen ebenfalls ein striktes »Nein«. Gründe dafür mußt du nicht angeben, aber du darfst auch nicht zögern. Dann kommt es auch nicht zu Auseinandersetzungen oder dazu, daß sie dich überreden. Verhalte dich nicht so, als wärst du davon überzeugt, betrogen oder beraubt zu werden. Deine Antwort ist »nein« und damit basta. Wahrscheinlich werden sie dich daraufhin nicht weiter belästigen.

Das Problem mit Spielern – und einigen anderen Leuten, auf die wir noch zu sprechen kommen – besteht darin, daß man oft zu lange zögert, um sie abzuwimmeln, nicht aus Angst, unhöflich, ungehobelt oder herzlos zu erscheinen, sondern weil man tief in seinem Innern fürchtet, sich etwas entgehen zu lassen. Mach dir darüber keine Sorgen! Keiner wird zum Profispieler aus Spaß am Hungern, und ganz sicher spielt auch niemand, weil er gern deine Brieftasche auffüllt.

Die Angst, etwas zu verpassen, ist einer der Gründe, warum Frauen sich so oft an hoffnungslose Liebhaber klammern bzw. zulassen, daß diese sich an sie klammern, denn in solchen Fällen sind die Männer die Kletten. Auch Mitleid spielt dabei eine Rolle. Immer wieder bekommen Frauen von psychologischer Seite zu hören, daß sie einem Mann die Trennung schonend beibringen sollen. Es gibt jedoch Situationen, in denen sie zuerst an sich denken sollte. Die Frau, die »lieb und nett« sein möchte, sollte bedenken, daß sie dem Mann letztendlich doch den Laufpaß geben muß; deshalb sollte sie ihm nichts vormachen.

Von diesen hoffnungslosen Liebhabern gibt es eine

ganze Reihe: Da ist der Mann, der eine Frau nur begrenzt an seinem Leben teilhaben läßt oder sich weigert, einen festen Platz in ihrem Leben einzunehmen. So will er zum Beispiel nicht, daß ihre Freundinnen etwas von ihrer Beziehung erfahren. Dann gibt es den ewigen Vagabunden, den Mann, der bereits viele abgebrochene Jobs oder abgebrochene Beziehungen oder beides hinter sich hat. Sofern du diesen Menschen gegenüber nicht bestimmt auftrittst, hängen sie an dir wie eine Klette.

Aus Angst, etwas zu verpassen, kannst du dir auch großen Ärger mit anderen Leuten einhandeln: mit Schwindlern, Betrügern, mit jedem, den du ernsthaft in Verdacht hast, dich auszunutzen, oder mit jedem, der verspricht, dich für eine bestimmte Leistung unangemessen hoch zu entschädigen.

Ein stadtbekannter Betrüger stand vor Gericht und bekam vom Richter folgendes zu hören: Sie haben die Gesetze auf sträfliche Weise gebrochen, doch da ist etwas, das ich persönlich für ungerecht halte. Sie sollten eigentlich nicht allein auf der Anklagebank sitzen, denn Ihre Opfer sind in vielen Fällen mitschuldig. Sie sind Ihnen nur auf den Leim gegangen, weil sie ihrerseits versucht haben, das Gesetz zu umgehen oder sich etwas unrechtmäßig anzueignen.«

Da ist etwas Wahres dran. Wie oft ist die halbherzige Ablehnung von lästigen Personen oder Einflüssen schlichtweg auf Angst und wie oft auf eigenützige Verlangen zurückzuführen? Der Wunsch nach trügerischem Glanz, der Wunsch nach einem zweifelhaften und unerlaubten Gewinn: Der Spieler in unserem Innern reagiert auf den Spieler in der äußeren Welt und wird gestärkt durch die Vorstellung, daß »nein« kein schönes Wort ist. Das hört sich hart an, aber es geht in diesem Buch schließlich um psychischen Selbstschutz. Es geht nicht um Spaß und Spiel im Leben, sondern um Sicherheit auf allen Ebenen. Richtig Spaß macht das Leben nur, wenn wir in Sicherheit sind.

Merke

- Wenn an deinem Arbeitsplatz eine Cliquenwirtschaft zugange ist oder das Betriebsklima durch die Machtspielchen ehrgeiziger Kollegen beeinträchtigt wird, konzentrier dich ganz auf deine Arbeit. So schützt du dich vor deinem zerstörerischen Umfeld, und niemand hat Grund zur Beschwerde.

- Wenn du lieber »Kontra geben« willst, halte dich nicht länger im Hintergrund. Begib dich auf deinen eigenen Persönlichkeitstrip. Stell dich zur Schau, und pflege dein neues Image.

- Suche Verbündete, aber versuche nicht, sie auf deine Seite zu ziehen.

- Bedenke stets, daß dein Einsatz für die Firma, für die du arbeitest, nicht soweit gehen muß, daß du dich in die »Büro-Politik« einmischst.

- Richte dich beim Einkaufen nach deinen eigenen Wünschen und Vorstellungen und zügele deine Phantasie.
  Allein die Tatsache, daß du etwas kaufen willst, bringt dich in eine angreifbare Position. Untersuche gewissenhaft alle Ängste oder Wünsche, die dir eingeredet werden: Tatsachen und Vernunft sollten deine Entscheidung bestimmen.

- Ein Verkaufsgespräch ist kein geselliges Beisammensein, auch wenn es manchmal den Anschein hat. Bring deine Fragen forsch vor. Wenn du »nein« meinst, hab keine Angst, es zu sagen – auch wenn die Leute noch so »nett« sind. Laß dich vom Verkäufer nicht auf eine bestimmte Rolle festlegen.

Kapitel 7

Das Wichtigste auf einen Blick

1. Die geistige und die materielle Welt sind nicht getrennt, sondern durch die mentale und die astrale Welt miteinander verbunden.
   - Dinge und Handlungen in der materiellen Welt können mit nichtmateriellen Mitteln so behandelt werden, daß sie eine spezielle Wirkung erhalten.
   - Symbole und Rituale können einem Gegenstand oder einer Handlung besondere Kraft verleihen.
   - Ein Amulett ist ein Gegenstand, der aufgrund seiner Form, Zusammensetzung oder Herkunft geistige Kraft bündeln kann und dessen Wirksamkeit sich weiter steigern läßt, wenn gleichzeitig eine göttliche Macht angerufen wird, die durch diesen Gegenstand ihren Einfluß geltend macht. Ein solches Amulett kann eine wertvolle Hilfe beim psychischen Selbstschutz sein.
   - Zur Abwendung der Gefahr ist jedoch ein Ritual am besten geeignet.
   - Rituale nutzen die Stärke der Gruppe zum besseren Schutz aller Gruppenmitglieder oder einzelner Mitglieder.
   - Auch Einzelpersonen können Rituale ausüben. Dabei wird dann eine besonders wirksame Kraft angerufen und an den Ort gelenkt, von dem die Gefahr ausgeht.
   - Möchte man eine göttliche Segnung erwirken, eignen sich die acht ersten Psalmen hervorragend.
2. Manche Menschen sind vom Pech verfolgt. Es könnte sein, daß jemand sie »verhext« hat, wahrscheinlicher ist aber, daß sie sich unbewußt selbst verhext haben.

- Schuldgefühle im eigenen Unterbewußtsein sind fast immer der Grund für viel Pech oder Unglück.
- Du kannst und mußt dich von Schuldgefühlen befreien. Denk nicht an Belohnung oder Strafe. Bleib dir selbst treu. Halte Kontakt zu deinem Höheren Selbst, und sei dir dieser göttlichen Offenbarung bewußt.
- Sei bei allem, was du tust, auf Erfolg bedacht. Bei einer positiven Einstellung läßt der Erfolg nicht lange auf sich warten.

Den Selbstschutz ausbauen

Für viele Menschen hat das Leben zwei Ebenen: die geistige und die materielle. Diese beiden Ebenen werden aber oft als getrennte Bereiche aufgefaßt. So wird Beten beispielsweise der geistigen Welt zugeordnet und Essen der materiellen Welt.

Mystiker und Okkultisten sehen diese Dinge anders. Bekanntlich nimmt man zum Beten eine besondere Körperhaltung ein, zum einen, weil man sich in einer bestimmten Haltung besser auf eine bestimmte Handlung konzentrieren kann, und zum anderen, weil die traditionellen Gebetshaltungen von symbolischer Bedeutung sind.

Auch mit dem Essen werden spirituelle wie materielle Vorstellungen verknüpft. Viele gläubige Menschen sprechen ein Tischgebet zum Dank für die Speisen und zur Erinnerung daran, daß selbst irdische Verdienste geistigen Ursprungs sind, während es in okkulten Kreisen eher heißt, daß der Körper genährt wird, um dem Geist zu dienen.

In diesem Sinne sind die geistige und die materielle Welt also nicht getrennt, und wir berauben uns nur unserer Möglichkeiten, wenn wir eine Trennung vollziehen. Zwischen der materiellen Welt und der geistige Welt liegen nämlich die astrale und die mentale Welt, und diese hängen, die eine wie die andere, in vielerlei Hinsicht miteinander zusammen, so daß man durchaus sagen könnte, daß sie die materielle und die geistige Welt mehr verbinden als trennen.

Aufgrund der Vermischung dieser Einflüsse ist das menschliche Leben reich an Beispielen für Symbole und

Rituale – alle Gegenstände und Handlungen in der materiellen Welt, die durch immaterielle Mittel eine bestimmte Wirkung erzielen sollen. Einige dieser Dinge sind sehr machtvoll. Der Okkultismus beschäftigt sich hauptsächlich mit der Erforschung und Anwendung dieser Methoden, das heißt, er befaßt sich mit der okkulten (verborgenen, geheimen) Bedeutung von Dingen und Handlungen, die als solche für die Sinne oder für wissenschaftliche Instrumente deutlich faßbar sind.

Die ursprüngliche Bedeutung und Kraft einer Handlung oder eines geeigneten Gegenstandes kann noch verstärkt werden, indem man sie mit etwas Bedeutungsvollem koppelt. So wird beispielsweise eine symbolische Waschung mit Wasser aufgewertet, wenn dabei die entsprechenden Worte der Reinigung oder Weihung gesprochen werden (wie bei der Taufe). Ein Gegenstand, der sich aufgrund seiner Form, Zusammensetzung oder Herkunft zum Bündeln einer geistigen Kraft eignet, kann durch eine »Segnung« (Anrufung einer göttlichen Macht mit der Bitte, ihre Kraft durch diesen Gegenstand fließen zu lassen) oder das Eingravieren eines bestimmten Symbols noch wirkungsvoller werden. Und eines ist gewiß: Je enger die Beziehung zwischen dem Material, dem Symbol und dem jeweiligen Anteil der göttlichen Macht, desto größer sind auch die schützenden Kräfte unseres Amuletts.

Amulette spielen allerdings nur eine kleine Rolle beim psychischen Selbstschutz. Daß sie hier erwähnt werden, hat zweierlei Gründe. Erstens sind es weitverbreitete Gegenstände, denen seit alters her magische Kräfte zugeschrieben werden, und zweitens helfen sie in der Tat vielen Menschen auf die eine oder andere Art. In Amulette kann man seinen ganzen Eifer und sein ganzes Vertrauen hineinlegen; gleichzeitig erinnern sie an die Allgegenwärtigkeit der höheren Mächte, die man verehrt. Sie haben allerdings nicht nur Erinnerungswert, denn ein Amulett muß so beschaffen sein, daß die jeweilige Macht es als »Kanal« für die ihm zugeschriebenen Kräfte benutzen kann.

In der griechisch-römischen Zeit waren kunstvoll gearbeitete, mit klassischen Göttern versehene Edelsteine in Mode – ein Brauch, der erneut in der Renaissance aufkam. Herkules oder Mithras, die Helden des Lichts, waren zum Beispiel in einen Topas eingraviert, während Merkur oder auch nur sein heilender Heroldsstab auf einem Karneol abgebildet waren. Diana thronte auf einem Bergkristall, Venus auf einem dem Meer entnommenen magnetischen Bernstein. Es gab aber nur wenige Künstler, die zu solchen Kunstwerken fähig waren, und zudem ist es auch nicht nötig, Edelsteine für ein Amulett derart aufwendig zu bearbeiten. Dennoch empfiehlt es sich, das Planetensymbol in einen Edelstein eingravieren zu lassen, wenn er als Amulett getragen werden soll. Er ist dann machtvoller als die Monatssteine, die als Fingerschmuck getragen werden und bei jedem Juwelier ausliegen. Zur Verwendung als Amulett sollte das entsprechende Sternzeichen eingraviert sein.

Nach der Fertigstellung sollte der Stein einer einfachen, aber ernsthaften »Reinigung« unterzogen werden, wodurch er alle seine negativen Einflüsse verliert. Anschließend wird er dann in guter Absicht (»für Gesundheit und Wohlergehen«, »für Glück in der Liebe«, »für Erfolg im Studium« usw.) der jeweiligen höheren Macht gewidmet, und fertig ist das Amulett.

Listen mit einer Zuordnung der Edelsteine zu den zwölf Tierkreiszeichen sind weit verbreitet, bei näherem Hinsehen aber sehr unterschiedlich. Zuordnungen zu den jeweiligen Planeten sucht man leider oft vergebens. Die folgende Liste wurde nach alten Überlieferungen zusammengestellt und ist durchaus verbindlich: *Mond:* Bergkristall, Beryll; *Merkur:* Feueropal, Karneol; *Venus:* Malachit, Jade, Bernstein, Koralle; *Sonne:* Topas, Zirkon (weiß oder blau), Glimmerquarz, Tigerauge; *Mars:* Granat; *Jupiter:* Lapislazuli, Amethyst; *Saturn:* Onyx, Gagat

(Jett). Soll der als Amulett getragene Stein eingefaßt werden, kann das dafür verwendete Metall seine Kraft steigern. Aus verschiedenen Gründen ist es jedoch nicht ratsam, einige dieser Metalle ständig auf der Haut zu tragen.

Den Planeten werden folgende Metalle zugeordnet: *Mond* – Silber; *Merkur* – Weißmetall (meist Zinnlegierungen, gegebenenfalls Legierungen, wie sie beim Flugzeugbau Verwendung finden); *Venus* – Kupfer; *Sonne* – Gold oder Messing; *Mars* – Eisen oder Stahl (einschließlich Edelstahl); *Jupiter* – Zinn; *Saturn* – Blei.

Einen Talisman aus Stein, Metall, Pergament, Holz oder anderen Materialien anzufertigen, ihn zu gravieren und dann »aufzuladen«, damit die jeweilige Kraft auf ihn übergeht, ist eine Kunst, die echtes Können und Wissen voraussetzt und die viel zu komplex ist, als daß hier näher darauf eingegangen werden könnte, zumal das Buch so viele Teile des psychischen Selbstschutzes behandelt. Es gibt jedoch noch andere Techniken und Traditionen, die sich mit Amuletten befassen.

Manchmal hat man mit komplizierten Methoden aber nichts im Sinn. Manchmal ist man einfach verbittert, daß einen das Glück verlassen hat. Man braucht einen neuen Anfang, etwas, das einen auf andere Gedanken bringt, etwas, das einem neues Selbstvertrauen gibt.

Also sucht man sich sein Amulett, wie es die Indianer zu tun pflegen. (Beschäftige dich zu dem Zweck mit der indianischen Tradition). Geh hinaus in die Natur, in eine felsige Gegend, laß deine Probleme Revue passieren, und trage sie deinen höheren Mächten vor. Dann läßt du deinen Blick umherschweifen, bis dir ein kleiner Stein, den du bequem einstecken kannst, ins Auge fällt. Je länger du dich in der freien Natur aufhältst, um so einfacher wird es für dich, einen solchen Stein aufzuspüren. Man kann zwar viel aus Büchern über die amerikanischen Ureinwohner lernen, aber man muß es auch selbst nachempfinden. Sobald du deinen Stein gefunden hast, gehst du damit nach Hause. Verwahr ihn gut, und paß auf, daß ihn keiner sieht. Außerdem solltest du über alles, was dir während der Steinsuche durch den Kopf gegangen ist, nachdenken.

Die traditionellen Techniken des psychischen Selbstschutzes machen auch von verschiedenen Materialien Gebrauch, denen eine unterstützende Wirkung nachgesagt wird. In vorgeschriebener Form angewendet, können Asant, Eisen, Silber sowie andere Dinge von großem Nutzen sein; für das allgemeine psychische Wohlergehen werden sie aber nicht gebraucht.

Salz beispielsweise ist reinigend und keimtötend. In magischen Zeremonien wird es seit alters her auch zur Reinigung auf der nichtmateriellen Ebene verwendet, und dort leistet es gute Dienste. So wird zum Beispiel klarem Wasser, das an sich schon an Reinigung denken läßt, traditionell etwas Salz zugefügt, wenn dieses Wasser für Rituale gesegnet wird. Salz befreit das Wasser von allen negativen Einflüssen, die es im Urzustand aufgenommen haben könnte, damit die anschließende Segnung und Weihung voll und ganz zur Wirkung kommt.

Alle verwendeten Materialien, ob sie für ein Amulett, einen Talisman oder ein Ritual bestimmt sind, sollten nach Möglichkeit zuerst gereinigt und dann beiseite gelegt werden. Falls irgendwelche Unklarheiten bezüglich der Herkunft des Gegenstandes bestehen, ist außerdem die magische Verbindung (s. S. 115) zu lösen.

Wirksamen psychischen Selbstschutz, das heißt die Abwendung von allgemeinen oder besonderen Gefahren, erreicht man aber immer noch am besten mit rituellen Methoden.

Die nachfolgend beschriebenen Rituale sind als Ergänzung zu den bereits aufgeführten gedacht. Die Stärkung der Aura ist durch nichts zu ersetzen, wenn es um die psychische Sicherheit geht. Die nun folgenden Rituale sind Grundregeln zur Verteidigung, die bis auf geringe

Abweichungen in der westlichen Tradition allgemein bekannt sind und auch ausgeführt werden. Sie werden hier nur in den Grundzügen vorgestellt, damit der einzelne oder die Gruppe, die sie anwendet, ganz nach Belieben ihr jeweiliges Symbol, den göttlichen Namen oder die Funktionsweise einsetzen kann. Die Visualisierung der »Lichtwände« ist nicht einfach, aber von großem Nutzen und sollte deshalb fleißig geübt werden.

Wird eines dieser Rituale von einer Gruppe durchgeführt, sollte ein Gruppenleiter gewählt werden, es sei denn, die einzelnen Mitglieder sind psychisch sehr gut aufeinander eingestimmt. Die Aufgabe des Gruppenleiters besteht darin, die Gruppe aufeinander abzustimmen, sie einzuweisen und ein paar einleitende Worte zu sprechen.

Das erste Ritual eignet sich für eine Gruppe, die es entweder regelmäßig durchführt oder nur in bestimmten Situationen anwendet, wenn alle Mitglieder starken psychischen Schutz benötigen. Jedes Mitglied der Gruppe stärkt dabei seine schützende Aura innerhalb der Lichtwände. Man kann sich die einzelnen Auren wie die Lichthöfe einer Vielzahl von Lampen im Nebel vorstellen, die sich zwar überlappen, aber nicht miteinander verschmelzen. Jeder in der Gruppe ist somit doppelt geschützt, als einzelner und als Gruppenmitglied.

I. Gruppenritual für den psychischen Schutz einer Gruppe

(Wirkungsvoller Schutz für eine Gruppe, die sich in irgendeiner Weise bedroht fühlt; für die Bewohner eines Hauses, in dem ein Gespenst oder ein Poltergeist sein Unwesen treibt; für Menschen, die im Urlaub plötzlich auf Probleme stoßen; für eine Familie oder eine Gruppe, die unter lauten oder feindseligen Nachbarn zu leiden hat; für eine Familie, die sich zum Ende eines Treffens einen Segen erbittet; oder auch als tägliches Gute-Nacht-Ritual für Freunde, die vor lauter Nervosität bereits schlaflose Nächte haben; für jede beliebig große Gruppe von Menschen, die etwas für ihren psychischen Schutz tun möchten.)

1. Mit dem Gesicht zur Mitte im Kreis aufstellen.
2. Sich bei den Händen halten; die rechte Hand mit der Handfläche nach unten, die linke Hand mit der Handfläche nach oben.
3. Der Gruppenleiter nennt das erklärte Ziel des Rituals, zum Beispiel: »Wir versammeln uns hier für die Sicherheit, die Gesundheit und den Seelenfrieden aller«; »...für eine friedliche und ruhige Nacht«; »...damit Gottes Segen und Schutz über uns komme«; »...damit wir eine Lösung unserer Probleme finden«, usw.
4. Jedes Mitglied der Gruppe visualisiert sodann zwei Lichtwände, die den ganzen Kreis schützend umgeben. Die erste Wand – eine hohe Wand aus weißem, mit bläulich-silbrigen Funken übersäten Licht – wird direkt um den Kreis herum errichtet, den die Menschen bilden, und dieses Licht kreist im Uhrzeigersinn. Die zweite Wand ähnelt der ersten, ist aber etwas weiter entfernt und höher, so daß ihr oberer Rand die erste Wand überragt. Die zweite Lichtwand dreht sich gegen den Uhrzeigersinn. (Das Visualisieren der zwei Lichtwände mit der gegenläufigen Bewegung ist keine leichte Übung, aber sehr nützlich und wirksam zu Schutzzwecken. Anfänger sollten sich zuerst auf die Visualisierung der inneren Lichtwand konzentrieren. Das Kreisen des Lichts erleben die meisten zu Anfang als recht langsam. Ziel sollte es jedoch sein, die Bewegung im Laufe der Zeit zu beschleunigen.)
   Alle Personen im Kreis sollten genügend Zeit für die Visualisierung der Lichtwände haben.
5. Die Hände loslassen.
6. Jeder einzelne im Kreis visualisiert nun den Lichtturm nach der allgemeinen Methode; der Gruppenleiter

kann die einzelnen Stufen ansagen, falls es gewünscht wird.

7. Wie zu Beginn einander die Hände reichen, um den Kreis wieder zu schließen. Sobald dies geschehen ist, geht blitzschnell ein Kraftstrom durch die Runde, und zwar im Uhrzeigersinn (weil jeder die Kraft mit der rechten Hand weitergibt und sie mit der linken entgegennimmt). Die empfindsameren Teilnehmer der Gruppe werden diesen Kraftstrom klar und deutlich fühlen können; aber jeder kann seinen Teil dazu beitragen, wissend, daß es diese Kraft gibt, und indem er sie sich stetig fließend vorstellt.
8. Anschließend gemeinsam eine feierliche Erklärung abgeben und eine Segnung, geistige Kraft oder ähnliches erbitten, je nachdem, was zu diesem Zweck benötigt wird. (Der Gruppenleiter kann den anderen das Stichwort geben.)
9. Alle visualisieren nun gemeinsam ein zuvor vereinbartes göttliches Symbol, das sich in strahlendem Licht über der Kreismitte erhebt. Nach einer kurzen Besinnung auf dieses Symbol preisen alle mehrmals einen göttlichen Namen (oder eine Eigenschaft, wie zum Beispiel »höchste Weisheit«, »Liebe« usw.) und stellen sich dabei vor, wie dieses Symbol immer stärker leuchtet und auf sie alle herabstrahlt. Zuletzt wird ein passendes Schlußwort gesprochen.

Anmerkung: Wenn der Name oder die Eigenschaft und das visualisierte Symbol in Verbindung stehen, wird die meiste Kraft mobilisiert: zum Beispiel das ewige Leben mit dem griechischen Kreuz (mit gleichen Armen) oder dem ägyptischen Henkelkreuz (Ankh); der Heilige Geist mit der Taube oder der Feuerzunge, die Sonne der Gerechtigkeit (Christus) mit dem Davidstern oder dem byzantinischen achtzackigen Stern.

Es gibt eine Variante dieses Rituals, die eine Gruppe zum Schutz einer bestimmten Person durchführen kann und die wir im folgenden kurz vorstellen möchten.

II. Gruppenritual für den psychischen Schutz einer bestimmten Person

(Eine Gruppe wünscht sich bestmöglichen Schutz für eine Person, die in besonderer Weise von magischen Angriffen bedroht ist; oder eine Familie erbittet zusätzlichen Schutz für ein krankes Familienmitglied oder ein kleines Kind.)

1. Mit dem Gesicht zur Mitte im Kreis aufstellen; die zu beschützende Person steht in der Mitte.
2. Wie oben beschrieben, einander an den Händen fassen.
3. Der Leiter der Gruppe formuliert, was mit dem Ritual bezweckt werden soll.
4. Alle zusammen visualisieren wie eingangs beschrieben die beiden Lichtwände als Schutzmauern um die gesamte Gruppe.
   Sodann werden für die Person in der Kreismitte zwei ähnliche Lichtwände visualisiert, wobei sich die Lichtwand näher zur Mitte hin im Uhrzeigersinn und die äußere, etwas höhere Wand gegen den Uhrzeigersinn dreht. (Die Person in der Kreismitte sollte, sofern sie dazu in der Lage ist, ebenfalls beim Visualisieren mitmachen.)
5. Die Hände loslassen.
6. Jeder in der Runde visualisiert einzeln den Lichtturm, wie oben beschrieben. (Die Person in der Mitte sollte es auch tun, falls sie dazu in der Lage ist.)
7. Alle geben nun einander die Hände, um den Ring der Kraft wieder zu schließen.
8. Alle gemeinsam geben eine feierliche Erklärung ab und erbitten für die Person in der Mitte den Segen und was immer für die Erreichung des Ziels nötig ist. (Bei diesem Ritual erbitten die Leute in der Runde keinen Segen für sich.)
9. Dann wird wieder gemeinsam ein zuvor bestimmtes

Symbol über der Kreismitte visualisiert und der göttliche Name oder die entsprechende Eigenschaft wie oben beschrieben aufgerufen. Das visualisierte Licht strahlt aber ausschließlich auf die Person in der Mitte herab und bleibt von den inneren Lichtwänden eingeschlossen. Das Ritual endet mit einem geeigneten Schlußwort.

Das folgende Ritual ist für eine Einzelperson gedacht, die sich in höchster Not befindet und noch nicht einmal dazu kommt, den Lichtturm zu visualisieren. Das Ritual wird höchst selten gebraucht, aber es kann durchaus vorkommen.

III. SOS-Schutzmaßnahme für eine Einzelperson in Not

1. Mit dem Gesicht in die Richtung stellen, aus der die Gefahr droht.
2. Das persönliche Schutzsymbol (Kreuz, Pentagramm, Davidstern usw.) in einem leuchtendblauen Licht visualisieren, direkt auf der Stirn und so leuchtend wie nur eben möglich.
3. Die Arme vor dem Körper heben, die Handrücken zeigen auf dich. Die Zeigefinger und Daumen zusammenbringen, bis sie ein Dreieck bilden.
4. Beide Hände hochnehmen, bis die Handrücken die Stirn berühren und das visualisierte Symbol von dem Dreieck eingerahmt ist. In dieser Stellung einen Augenblick verharren.
5. Einen Gottesnamen (leise oder laut) aussprechen, damit dessen Kraft in das visualisierte Symbol übergehen kann.
6. Dann blitzschnell und mit aller Macht die Arme vom Gesicht wegreißen, das durch die Hände gebildete Dreieck auflösen und das visualisierte Symbol in Richtung der drohenden Gefahr schleudern. Visuali-

sieren, wie das fliegende Symbol in hellem Glanz erstrahlt – und schon ist genügend Platz, um den Lichtturm nach der Notfallmethode zu visualisieren.

Die folgende Zeremonie dient nicht ausdrücklich dem psychischen Selbstschutz, sondern ist ein Weg, um göttlichen Segen zu erbitten. Sie kann jederzeit vorgenommen werden, ist aber in erster Linie ein abendliches Ritual und, wann immer sie durchgeführt wird, eine gute Überleitung zur Visualisierung des Lichtturms.

Manch einer wird darin ein Vorgehen erkennen, wie es bei einigen esoterischen Geheimbünden, insbesondere bei den Kabbalisten, üblich ist. Es ist so stark, weil es dem ernsthaften Teilnehmer der Zeremonie ermöglicht, in die Welt des himmlischen Geistes aufzusteigen. Die Psyche wird gewissermaßen von den verschiedenen Teilen des Göttlichen durchdrungen. Dies wiederum wird bei der darauffolgenden Visualisierung des Lichtturms gewinnbringend zum Schutz auf allen Ebenen eingesetzt.

Kabbalisten wissen um das ganz besondere Geheimnis, was den in diesem Ritual gesprochenen Psalmen eins bis acht zugrunde liegt: Die Reihenfolge der Psalmen steht für den Aufstieg der Sephiroth von Malkuth nach Binah. Einfacher ausgedrückt, entsprechen diese Psalmen den »Sphären« der Erde und den sieben Planeten in ihrer kabbalistischen Ordnung:

Psalm	*Sphäre*	*Sephirah*
1	Erde	Malkuth (das Königreich)
2	Mond	Jesod (das Fundament)
3	Merkur	Hod (die Herrlichkeit)
4	Venus	Netzach (der Sieg)
5	Sonne	Tiphareth (Schönheit und Harmonie)
6	Mars	Geburah (die Macht)
7	Jupiter	Chesed (die Gnade oder Barmherzigkeit)
8	Saturn	Binah (die Erkenntnis)

Der der Erd-Sphäre zugeordnete Psalm eins vergleicht den Gerechten mit einem Baum, der prächtig gedeiht, und den Gottlosen mit der Spreu, die der Wind verstreut. Psalm zwei berichtet von Menschen, die sich Trugbildern hingeben. Die Einbildungskraft ist kennzeichnend für die Mond-Sphäre, die ansonsten im wesentlichen die Schöpfungskraft in allen ihren Ausprägungen symbolisiert. In diesem Psalm stehen auch die entscheidenden Worte: »Du bist mein Sohn, heute habe ich dich gezeugt.«

Psalm drei gibt sehr schön die Merkur-Sphäre wieder, die Sphäre der Heilung und des göttlichen Schutzes. Die Venus-Sphäre, dargestellt in Psalm vier, ist der Bereich der freudvollen und einfachen Naturkräfte. Hier geht es um das Recht auf Gefühle, den Reichtum der Natur und um Hoffnung.

Psalm fünf ist eine Lobpreisung der Sonnen-Sphäre, die nach dem kabbalistischen Weltverständnis die Stufe der göttlichen Offenbarung auf den unteren Sphären darstellt. Hier ist die Rede vom heiligen Tempel und daß der Mensch eingehen darf in die göttliche Wohnstatt. Zugleich wird erklärt, daß der Herr unter denen weilt, die auf ihn trauen.

Die sechste Sphäre ist Mars zugeordnet, und so wird in Psalm sechs darum gebeten, vom göttlichen Zorn verschont zu bleiben. In Psalm sieben ist dann wieder die Rede von »Gott, dem gerechten Richter, der Herz und Nieren prüfet«, was denn auch der Jupiter-Sphäre absolut angemessen ist. Psalm acht schließlich, der für die Saturn-Sphäre steht, verherrlicht die göttliche Macht, die »ihre Hoheit am Himmel zeigt« und verbindet Himmel und Erde, indem er wie ein Blitzstrahl die einzelnen Stufen durchläuft, ausgehend von der Sephirah Binah, der Großen Mutter und ihrer Schöpferkraft über die Sephirah Tiphareth bis hin zur körperlichen Manifestation Malkuth. Gepriesen wird der himmlische Beistand, die Herrschaft des Menschen über die Erde und ihre verschiedenen Lebensformen und all das, was über die gott gegebene Würde und die Erhöhung der Menschheit gesagt wird.

Interessanterweise ist genau diese Abfolge von Psalmen, das Erste Kathisma (Abschnitt) der Psalter nach byzantinischem Ritus, noch heute ein Teil des Abendgebets in der orthodoxen Kirche.

IV. Der Ritus des Ersten Kathisma (Psalm 1–8)

(Dieser Ritus kann von einer Person oder von einer Gruppe, sehr gut auch von zweien, befolgt werden.)

Für diesen Ritus werden acht Lichter, Kerzen oder Schwimmkerzen benötigt. Die Verwendung von geweihten Lichtern hat den Vorteil, daß man Schalen aus farbigem Glas nehmen kann. Wenn alle Schalen weiß sind, passiert auch nichts, und farbige Kerzen brennen sowieso weiß. Wichtig ist jedoch, daß die Farben zu den acht Lichtern passen.

Saturn – indigoblau (Es kann ein Glas in einem dunklen neutralen oder rauchblauen Ton verwendet werden.)
Jupiter – blau
Mars – rot
Sonne – gelb
Venus – grün
Merkur – orange
Mond – violett
Erde – bei diesem Ritus weiß (Erde nimmt die Einflüsse des gesamten Farbspektrums auf.)

Falls die Kerzen auf einen Leuchter mit unterschiedlich hohen Armen aufgesteckt werden, wird Saturn die höchste Stelle zugeordnet. Sie können aber auch nebeneinander aufgestellt werden. (Daneben kann eine ganz gewöhnliche kleine spitz zulaufende Kerze aufgestellt und angezündet werden.) Der Ritus wird sodann mit einer Anrufung des Allerhöchsten eröffnet. Dies kann mit deinen eigenen Worten geschehen oder mit einer Anrufungsformel, die dir besonders zusagt. Sie sollte mit Inbrunst vorgetragen werden, aber nicht zu lange dauern.

Als nächstes liest du Psalm eins langsam und deutlich, damit deine Gedanken und deine Phantasie bei den Worten verweilen können. Sobald du fertig bist, zündest du das Licht an, das der Erd-Sphäre entspricht.

Nach einer kurzen Pause liest du mit derselben Sammlung und Konzentration Psalm zwei und zündest danach die Kerze für die Mond-Sphäre an.

So verfährst du auch mit den restlichen Kerzen. Wenn alle Psalmen gelesen sind und alle Lichter brennen, rufst du noch einmal voller Ehrfurcht den Allerhöchsten an.

Laß eine kurze Pause folgen, damit du (und jeder andere, der diesen Ritus verfolgt) teilhast an der göttlichen Gegenwart, die du durch diesen Aufstieg heraufbeschworen hast. Beende den Ritus mit der Visualisierung des Lichtturms.

Der Blick in die Zukunft

Damit psychischer Selbstschutz auch langfristig funktioniert, müssen die höheren geistigen Ebenen angesprochen werden. Wir müssen nicht nur mit einer momentanen Notlage fertig werden, sondern darüber hinaus auch noch über Reserven verfügen.

In dieser Hinsicht gibt es verblüffende Ähnlichkeiten zwischen dem physischen Leben, dem Berufsleben und dem psychischen Leben. Leute, die wir als »Glückspilze« bezeichnen, sind in der Regel diejenigen, die sich nicht so leicht unterkriegen lassen, die rasch wieder auf die Beine kommen und die sich immer zu helfen wissen und letztendlich auch ihr Ziel erreichen.

Die meisten von uns lernen schon früh im Leben, daß es sich durchaus lohnt, körperlichen Schmerz oder emotionalen Streß auszuhalten, wenn wir als Gegenleistung dafür etwas bekommen, was wir uns mit aller Macht wünschen.

Es geht in so einem Fall einzig und allein darum, das Ziel zu erreichen, und nicht darum, das Leiden zu vermeiden.

Wenn Bergsteiger eine gefährliche Bergbesteigung erfolgreich zu Ende bringen, sagt niemand: »Diese armen Jungs, wie sehr sie gelitten haben!« – selbst wenn sie große Entbehrungen auf sich genommen haben. Jeder (auch die Bergsteiger) wird sagen, denken und fühlen: »Sie sind Glückspilze, sie haben es geschafft!« Alles andere verblaßt dahinter. Ähnlich ist es, wenn man eine hochschwangere Frau sieht. Man fühlt mit ihr angesichts der bevorstehenden Geburt, doch sieht man sie später mit ihrem Baby, ist das Leid vergessen, man ist froh und gratuliert ihr.

Manche Menschen streben eifrig nach Erfolg, was immer sie darunter verstehen, selbst gegen das Unglück kämpfen sie an, was viele vernünftige Leute für unmög lich halten. Alle diese Menschen sind erfolgreich, weil sie tief in ihrem Innern wissen, daß es möglich ist. Sie sind voller Zuversicht, was das eine oder andere betrifft, und sie alle glauben an das Gute ihres Ziels und an ihre Fähigkeit, dieses Ziel zu erreichen.

Andererseits müssen wir zugeben, daß es regelrechte Pechvögel gibt. Krankheiten, familiäre Probleme, Geldsorgen und Enttäuschungen aller Art sind bei ihnen an der Tagesordnung. Sie scheinen »verhext« zu sein, und so fühlen sie sich auch. Infolgedessen sind sie geknickt, mutlos und oft auch verbittert.

Vielleicht werden sie wirklich von jemand verhext, aber vielleicht verhexen sie sich unbewußt auch selbst. Wie dem auch sei, ganz unschuldig sind sie nicht an ihrem Zustand. Denn wäre es um ihre Aura nicht so schlecht bestellt oder würde nicht eine verborgene Ebene ihrer Psyche die Gefahr durchlassen, könnte ihnen nichts passieren.

Bring also deine Aura und deine Psyche in Ordnung, und du kannst über all die Flüche und Verwünschungen lachen. Es stellt sich jedoch die Frage, warum einem die Psyche so übel mitspielt.

Das kann verschiedene Gründe haben, der häufigste Grund aber sind Schuldgefühle. Dabei spielt es keine Rolle, was man getan oder nicht getan hat. Es geht hier um dein persönliches Unbewußtes und nicht um das kollektive Unbewußte, das über unsere bewußte Persönlichkeit hinausgeht. Das persönliche Unbewußte ist meist eine kunterbunte Sammlung von Einflüssen und Eindrücken, die im Laufe des Lebens in Vergessenheit geraten sind. Und in diesem Gedächtnisspeicher befinden sich oft recht unschöne Empfindungen.

Mit die lästigsten und gefährlichsten Gefühle, die hier lauern, sind unbestimmte Schuldgefühle, das heißt die Neigung, sich wegen allem oder nichts schuldig zu fühlen oder sich entsprechend zu verhalten.

Dazu ein Beispiel: Kürzlich wurde im Rahmen einer

Versuchsreihe ein neuer »Lügendetektor« ausprobiert. Obwohl die Tests gut geplant waren, waren die Ergebnisse keineswegs zufriedenstellend.

Erwartungsgemäß entlarvte das Gerät die »schuldbewußten« Testpersonen, und es gelang keinem »Schuldigen«, den »Unschuldigen« zu spielen. Aber gleichzeitig wurden auch von den »unschuldigen« Testpersonen einige als »schuldig« registriert. Ihr Nervensystem hatte nämlich schuldbewußt reagiert.

Obwohl alle Testpersonen wußten, daß es sich nur um einen Versuch handelte und sie auch laut Spielbedingungen nicht schuldig waren, gab es einige unter ihnen, die schon aufgrund der Befragung unbewußt mit Schuldgefühlen reagierten.

Wenn schon so viele Menschen völlig grundlos Schuldgefühle entwickeln, dann wird man auch verstehen, daß Menschen unter anderen Umständen Leiden als gerechte Strafe ansehen, selbst wenn dafür kein Grund vorliegt. Dies ist häufig der Fall, wenn jemand mit einem Fluch belegt ist.

Wenn du glaubst, verhext worden zu sein oder einfach nur Pech zu haben, dann überlege bloß nicht, ob du es »verdienst« oder nicht.

Denk nicht an Belohnung und Strafe. Beides ist unsinnig und hat nicht das geringste mit deiner Beziehung zur geistigen Welt und insbesondere mit deiner Beziehung zum Höheren Selbst zu tun.

Das Verhältnis zwischen deinem Höheren Selbst und deinem niederen Selbst (wozu auch dein Bewußtsein zählt) ist durch Liebe gekennzeichnet. Es ist wahre Liebe. Kein göttlicher Richter wird dir jemals etwas aus deiner Vergangenheit vorwerfen, egal ob du dich daran erinnerst oder nicht.

Wenn du auf dein bisheriges Leben zurückblickst, sieh zu, daß du Verständnis für dich aufbringst. Lob und Tadel spielen keine Rolle.

Bemüh dich jetzt und in Zukunft, in allen deinen Entscheidungen aufrichtig und ehrlich zu sein, soweit es dir möglich ist, und hoffe bei allem, was du tust, auf Erfolg.

Halte oft Zwiesprache mit deinem Höheren Selbst, so wie es in Kapitel 5 beschrieben wird, und denk daran: Diese göttliche Offenbarung liebt dich so, wie du bist, und nicht wie andere dich haben wollen.

Wenn du gern ein Symbol hättest, das dich an deine Ziele erinnern soll, schaff dir eins.

Wenn du deinem Höheren Selbst, das über dein Leben bestimmt, sagen möchtest, daß du auf dein Schicksal vertraust, dann tu es. Wenn du meinst, daß du Riten zu deinem Schutz oder einen Ritus für göttlichen Segen brauchst, dann kann dir dieses Buch weiterhelfen.

Stärke deine Abwehr und verfolge Schritt für Schritt deine spirituelle Entwicklung. Der bestmögliche psychische Selbstschutz ist absolute Aufrichtigkeit auf allen Seinsebenen.

Merke

- Wenn du meinst, ein Amulett zu brauchen, fertige eins an, oder such dir eins.

- Alle Stoffe oder Gegenstände, die als Amulett oder Talisman oder für ein Ritual verwendet werden, bedürfen einer besonderen Reinigung und Handhabung.

- Übe die SOS-Schutzmaßnahme. Bei dieser außerordentlich wirksamen Schutzmethode machst du Gebrauch von deinem persönlichen Symbol.
  Beende die SOS-Schutzmaßnahme stets mit der Visualisierung des Lichtturms nach der Notfallmethode. Auf diese Weise schlägst du zwei Fliegen mit einer Klappe!

- Der Ritus des Ersten Kathisma ist die einzige Zeremonie, für die du eine bestimmte Ausstattung brauchst: die Psalmensammlung und acht Lichter. Du solltest diese Dinge gegebenenfalls griffbereit haben.

Kapitel 8

Das Wichtigste auf einen Blick

1. Der psychische Angriff ist wesentlich anstrengender als die psychische Verteidigung. Eine gute Verteidigung kann daher jedem Angriff standhalten. Du mußt nicht zurückschlagen, um einen Angriff abzuwenden. Du mußt nur dafür sorgen, daß deine Aura stark und widerstandsfähig bleibt, dann wird der Angreifer notgedrungen aufgeben.
   - In diesem Zusammenhang ist es wichtig, deine instinktiven Reaktionen auf einen Angriff zu kennen. Das ermöglicht dir dann, deine Reflexhandlungen so zu programmieren, daß du automatisch die Techniken des psychischen Selbstschutzes anwendest, auch wenn du gar nichts von einem Angriff spürst.
   - Eine starke Aura läßt jede negative Kraft an sich abprallen und schickt sie umgehend an ihren Ausgangsort zurück.
   - Manchmal kann der Angriff aber nur durch beherztes Eingreifen beendet werden.
2. Warum wird man von jemand angegriffen? Handelt der Betreffende aus Bosheit, Eifersucht, Rachsucht usw., dann ist seine Psyche eindeutig krank und braucht Hilfe.
   - »Segnet, die euch fluchen; bittet für die, so euch beleidigen.« Ein aufrichtiges Gebet heilt die kranke Seele deines Feindes und bereitet dem Angriff für immer ein Ende.
   - Dein Höheres Selbst ist ein Funke des Göttlichen – du hast also die Macht zu segnen.
3. Die Aura ist Teil der ganzen Person. Und da die emo-

tionale Aura und die elektrische Aura ihrerseits Teile der ganzen Aura sind, führt die Stärkung der emotionalen Aura unweigerlich auch zu einer Stärkung der elektrischen Aura.

- Psychischer Selbstschutz, das heißt die Stärkung der Aura, trägt somit entscheidend zu körperlicher Gesundheit und Wohlbefinden bei.
- Psychischer Selbstschutz kann auch zur Unterstützung und Heilung deiner Mitmenschen eingesetzt werden, denn eine gestärkte Aura hat nicht nur eine Schutzfunktion, sondern strahlt auch nach außen.
- Psychischer Selbstschutz stärkt das Bewußtsein für die geistige Welt, und dieses Bewußtsein und die Zwiesprache mit deinem Höheren Selbst ist mit das Wichtigste in diesem Leben.

Gegenangriff und persönliches Wachstum

Bei jeder Art von Selbstverteidigung und somit auch beim psychischen Selbstschutz sind unsere Gefühle beteiligt.

Praktisch gesehen, hat der rein emotionale Zugang – vorausgesetzt, wir haben ihn im Griff – den Vorteil, daß unsere Reflexe mobilisiert werden und wir in Gefahrensituationen schneller reagieren. Haben wir unsere Gefühle aber nicht im Griff, kann uns dies unnötig in Bedrängnis bringen.

Wie können wir nun unsere Gefühle und Instinkte nutzbringend einsetzen, ohne ihnen auf Gedeih und Verderb ausgeliefert zu sein?

Die Antwort darauf könnte zum Beispiel lauten: »Indem wir die Notfallmethoden fleißig üben, damit sie uns in Fleisch und Blut übergehen und uns garantiert einfallen, wenn wir sie brauchen. Vorab ist es jedoch absolut notwendig, in Ruhe unsere grundlegende Einstellung und unsere Verhaltensweisen abzuklären.

Welche Gefühlsreaktion überwiegt bei dir in einer feindlichen Umgebung? Willst du kämpfen, fliehen oder etwas anderes machen?

Denkst du als erstes daran, wegzulaufen, bist du eher zornig und aggressiv, oder bleibst du an Ort und Stelle stehen und versuchst, den Feind zu überlisten? Keine dieser Verhaltensweisen ist »richtig« oder »falsch«; es kommt immer auf die Umstände an. Bei dieser Art von Selbsterforschung geht es nicht um die Verteilung von Lob und Tadel. Du sollst vielmehr herausfinden, wie du dich am ehesten verhältst, wenn du blitzschnell eine Entscheidung zu treffen hast. Wenn du es weißt, kannst du dir Situationen im Geist vorstellen, in denen du friedliche

Handlungsweisen einübst und durchspielst, damit dir das möglicherweise neue Verhaltensmuster vertraut wird. Das soll aber nicht heißen, daß du gegen dein Naturell angehen sollst. Du sollst nur lernen, deine Ängste besser zu erkennen, und angemessener damit umzugehen.

Flucht führt nicht immer geradewegs in die Sicherheit. Du mußt auch nicht immer gleich zum Frontalangriff übergehen. Arglist erfordert Wissen, in erster Linie über den Feind.

Damit kommen wir zum Gegenangriff, der oft nicht aus Rachsucht geschieht, sondern vielmehr die wohlüberlegte Fortsetzung eines abgewehrten Angriffs ist. Je weniger Vertrauen jemand, der angegriffen wird, in seine Fähigkeit hat, einem andauernden psychischen Konflikt Paroli zu bieten, desto stärker wird er daran interessiert sein, diesen Konflikt frühzeitig zu beenden, wenn es sein muß, auch mit Gewalt, aus Angst, sich zu sehr zu verausgaben.

Das erscheint vernünftig, läßt aber etwas Entscheidendes dabei unberücksichtigt. Im Gegensatz zu vielen anderen Kampfformen ist bei psychischen Auseinandersetzungen der Angriff weitaus anstrengender als die Verteidigung, vor allem, wo es gute Selbstschutzmethoden gibt (wie die hier aufgeführten), die den Angegriffenen wieder aufrichten.

Da ein erfahrener psychischer Angreifer weiß, wie anstrengend ein ernsthafter Angriff ist, wird er alles nur Erdenkliche tun, um sein Opfer einzuschüchtern, unter Druck zu setzen und ihm etwas vorzutäuschen, damit es frühzeitig aufgibt, was genau der Angegriffene, auch als blutiger Anfänger, nicht tun sollte. Denn im Grunde ist es der Angreifer, der eine Fortsetzung des Zusammenstoßes fürchten muß.

Somit ist ein Vergeltungsschlag viel seltener nötig, als manch einer, der gerade mit psychischem Selbstschutz anfängt, glaubt und wenn er nicht notwendig ist, erhebt sich die Frage: Ist er moralisch vertretbar? Ist er der Mühe wert? Ist er überhaupt wünschenswert?

Diejenigen, die fürchten, er könnte moralisch nicht vertretbar sein, denken vermutlich an bestimmte Textstellen im Neuen Testament, in denen die Rede davon ist, »die andere Backe darzubieten« und »Böses mit Gutem zu vergelten«. Wir müssen diese Bibelzitate in der Tat eingehend untersuchen, denn gerade im Zusammenhang mit psychischem Selbstschutz kommen wir ihrer eigentlichen Bedeutung entscheidend näher.

Ein möglicher Gegenangriff auf einen Angriff jedweder Art muß reiflich überlegt werden. Ist die Angelegenheit so ernst, daß sie einen Gegenangriff rechtfertigt? Wenn es dem Angreifer nur darum geht, dir eine Lektion zu erteilen, wahrscheinlich nicht. Geschah der Angriff als Reaktion auf sein verletztes Ego (was die Regel ist), dann mußt du ja nicht genauso beleidigt reagieren. Statt dessen solltest du deine Abwehrkräfte stärken und den Vorfall einfach unbeachtet lassen.

Angenommen, die Sache ist wirklich ernst, und du revanchierst dich. Heißt das dann, daß die Angelegenheit damit erledigt ist oder daß sie weitergeht? Wahrscheinlich letzteres. Wenn du den Angriff nicht erwiderst, muß der Angreifer auf jeden Fall erst Energie auftanken und könnte nach Ablauf dieser Zeit den Entschluß fassen, es nicht weiter zu versuchen. Das ist häufig der Fall. Eine gute Verteidigung verhindert weitere Angriffe. Der Ärger verfliegt, oder es kommt etwas anderes dazwischen. Setzt du den Streit aber bewußt fort, wird es unweigerlich zu einem erneuten Angriff kommen, und diesmal wird dein Angreifer die Nase voll haben und beschließen, daß es das beste ist, die Angelegenheit schnell und mit Gewalt zu beenden. Deine Abwehrkräfte sind mit Sicherheit noch stark genug, aber trotzdem ist es unangenehm, ständig mit einem Vergeltungsakt rechnen zu müssen.

Das sind die Überlegungen, die einen Okkultisten manchmal dazu veranlassen, einen törichten magischen

Angriff mit der »Stoßdämpfer«-Methode zu beenden, das heißt, sie ziehen sich zurück, stärken ihre Abwehrkräfte und verweigern jegliche Reaktion, bis der Angreifer gelangweilt aufgibt. Diese Methode ist soweit ganz gut, aber man kann damit nichts Positives erreichen, und für die meisten Okkultisten ist das nun mal lebensnotwendig.

Sehen wir uns mal an, was das Neue Testament dazu zu sagen hat. Wenn man Bibelzitate verstehen möchte, muß man den Zusammenhang, in dem sie vorkommen, beachten; nur so läßt sich ihre Bedeutung erklären. Den vielzitierten Worten »Und wer dich schlägt auf eine Backe, dem biete die andere auch dar« geht der dringende Aufruf voraus: »Segnet, die euch fluchen; bittet für die, so euch beleidigen.« (Lukas 6, 28)

Zunächst einmal kann man nicht davon ausgehen, daß die Aufforderung »die andere Wange hinzuhalten« wörtlich gemeint ist, sondern im übertragenen Sinne, das heißt in der Bedeutung von »reagiere nicht« oder »schlag nicht zurück«. Selbst Jesus, der diese Worte sagte, bot nicht die andere Backe dar, als er geschlagen wurde (Johannes 18, 23), sondern fragte vernünftigerweise: ». . .Was schlägst du mich?«

»Segnet, die euch fluchen; bittet für die, so euch beleidigen« sagt aber noch etwas anderes aus, und darauf kommt es eigentlich an. Was passiert mit deinem Gegner, wenn du überzeugend bittest und betest?

Wenn ein anderer dir Schaden zufügen will (indem er dich zum Beispiel mit einem Fluch belegt), hat er eine kranke Psyche und braucht dringend Heilung und Segnung. Ein inbrünstiges Gebet läßt seine krankhafte Neigung zu Aggressionen und Bosheit schwinden, vielleicht für kurze Zeit, vielleicht auch für immer. Damit tust du deinem Feind nur Gutes und schaffst ihn dir aus dem Weg.

Und was wäre, wenn du deinerseits jemanden verfluchst, der dir übel mitgespielt hat? Du würdest mit deinem Ärger und deiner Bosheit nur die bösen Absichten deines Gegners vergrößern, so daß das Negative dann höchstwahrscheinlich mit geballter Kraft auf dich zurückprallen würde. (Wenn du von einem wilden Tier verfolgt wirst, bringt es dir nichts, das Tier zu reizen).

Wie aber segnet man jemanden? Ein Segen ist ein Wunsch, ausgesprochen im Namen (das heißt in der Macht) eines göttlichen Wesens. Du kannst jeden beliebigen göttlichen Namen oder Titel einsetzen, an den du glaubst. Da deinem Höheren Selbst der Funke des Göttlichen innewohnt, kannst du auch mit Fug und Recht behaupten: »Im Namen meines Höheren Selbst«. Solche Namen sind sehr machtvoll.

Wenn du den Menschen, den du segnest, innerhalb seiner schützenden Aura visualisieren kannst, wirst du sehen, wie er mitsamt seiner Schutzhülle infolge deiner Segnung in hellem Licht erleuchtet. Erstrahlt er nicht, war dein Segen nichts als ein »frommer Wunsch«.

Du kannst den Segen ganz allgemein spenden, du kannst aber auch um Gesundheit, Wohlstand, Geduld oder etwas anderes bitten, woran es deiner Meinung nach fehlt. Aber Vorsicht: Es muß etwas sein, was dem spirituellen Wachstum und dem Wohl des Betreffenden dient. Anderenfalls könnte die Widersprüchlichkeit deiner Aussagen eine Sperre in deinem Unterbewußtsein errichten, und das ganze Unterfangen wäre zum Scheitern verurteilt. (Segne auch deine Freunde, deine Familie und dein Heim.)

Wenn du auf diese Weise jemand segnen kannst, der versucht hat, dich psychisch anzugreifen, wird seine Bosheit vor dem strahlenden Glanz deines Höheren Selbst nicht bestehen. Vielleicht liegt es dir aber auch nicht, so mit demjenigen umzugehen.

Eine weitaus gängigere Verteidigungsmethode und eine, von der man oft gar nichts mitbekommt, ist der Abprall negativer Kräfte von der äußeren Schutzschicht einer intakten Aura.

Alle Einflüsse, die guten wie die schlechten, haben von Natur aus die Neigung, zu ihrem Ausgangsort, das heißt zu ihrem Absender, zurückzukehren, wenn sie an dem für sie bestimmten Empfänger abprallen. Nicht selten geschieht der Abprall bei einem psychisch widerstandsfähigen Empfänger ganz von selbst, und gewöhnlich wissen solche Menschen auch kaum etwas von den Einflüssen, die ihre Aura abwehrt. Manchmal aber lassen Okkultisten ganz bewußt einen psychischen Angriff abprallen und schicken die explosive Ladung postwendend zurück, entweder um das Opfer davon zu befreien oder als Bestrafung für den Absender. Mit einem solchen Rückschlag soll der törichte Angreifer bestraft und vor einem erneuten Angriff gewarnt werden.

Wurde ein solcher Angriff in böser Absicht ausgeübt, zum Beispiel um das Opfer krank und unglücklich zu machen, kann es durchaus passieren, daß den Angreifer aufgrund des Rückpralleffekts genau das Schicksal ereilt, das eigentlich seinem Opfer zugedacht war. Geschah der Angriff nicht aus böser Absicht, sondern aus egoistischen Gründen und unüberlegt, können die Folgen vielgestaltig sein. Ein Beispiel dafür ist in Kapitel 4 nachzulesen.

Doch genug der vielen Worte über den Schaden, den Menschen einander absichtlich oder aus Torheit zufügen. Es gibt auch so genug zu tun, und der Bedarf an den Grundtechniken des psychischen Selbstschutzes ist groß, auch wenn wir uns nicht mit solchen Problemen abgeben müssen.

Jeder, der erwachsen wird, muß seine Aura schützen und stärken. Menschen, die durch Krankheit und Gebrechen geschwächt sind, brauchen Hilfe von außen, um ihre Abwehr wieder aufzubauen.

Unsere Aura hat wie unsere Haut eine Schutzfunktion. Da die emotionale Aura und die elektrische Aura sich nicht so ohne weiteres trennen lassen, sondern vielmehr Teile eines Ganzen sind, können wir über die Stärkung der emotionalen Aura auch auf unsere physische Gesundheit und unser Wohlergehen einwirken. Je mehr sich die Forscher mit den Ursachen von Krankheiten beschäftigen, desto häufiger stoßen sie auf negative Lebensbedingungen und Gefühle, auf Probleme in der unmittelbaren Umgebung des Patienten, die großen Schaden angerichtet haben, ohne daß jemand dies beabsichtigt oder davon gewußt hat.

Gesundes Selbstvertrauen, ein Gespür für die Fähigkeit, mit den Gefühlen anderer umzugehen, die Kraft, auch inmitten von Chaos (wenn es sein muß) seine Pläne und Ziele zu verfolgen, die Fähigkeit, anderen zu helfen, ohne selbst von ihrer Niedergeschlagenheit, ihren Ängsten und Horrorvorstellungen angesteckt zu werden – all das gewinnt man durch psychischen Selbstschutz.

Möglicherweise erwacht auch ein neues Bewußtsein für die geistige Welt und du kommst zu der Erkenntnis, daß du ein Teil davon bist, so wie du auch ein Teil der materiellen Welt und all der anderen Seinsebenen bist. Werde dir deines Höheren Selbst bewußt. Wenn du das schaffst, hast du schon viel gewonnen.

Wenn du dir deiner natürlichen und funktionierenden Schutzmechanismen bewußt bist, kannst du deine verborgenen Ängste und Hemmungen überwinden und alten Groll und Feindseligkeiten vergessen. So manches davon wird verschwinden, ohne daß du von dessen Existenz überhaupt gewußt hast, aber du wirst trotzdem deutlich spüren, daß du frei davon bist. Nimm es so hin. Laß die Vergangenheit Vergangenheit sein. Vor dir liegt eine strahlende Zukunft.

Auf geht's!

Merke

- Überprüfe deine spontanen Reaktionen in einer Gefahrensituation. Es reicht nicht zu klären, was du gern tun würdest; erinnere dich auch daran, wie du früher reagiert hast. Imagination kann da ansetzen, wo sich Veränderungen für die Zukunft abzeichnen.

- Übe dich im Segnen.
- Visualisiere weiterhin den Lichtturm und baue eine echte Beziehung zu deinem Höheren Selbst auf.
- Übe hin und wieder auch die Notfallmethoden.
- Mach dir bewußt, daß zu einem positiven Leben auch psychischer Selbstschutz gehört.

Anhang A

Psychischer Selbstschutz in Unternehmen

Sobald du die hier vorgestellten Grundsätze verstanden hast, kannst du die schützende Kraft des psychischen Selbstschutzes wirkungsvoll und in einer Vielzahl von Situationen anwenden, sei es für eine einzelne Person oder für eine Gruppe von Menschen.

Es gibt aber auch noch andere Bereiche, wo psychischer Selbstschutz greift. Dieser Anhang beschäftigt sich mit einer in gewisser Hinsicht typischen Anwendung und liefert auch Tips für den Einsatz unter anderen Bedingungen. Hier soll der Schutz einer Organisation oder eines Unternehmens näher beleuchtet werden, zum Beispiel eines Betriebs, einer pädagogischen oder religiösen Einrichtung wie einer Hochschule oder Kirche jedweder Art, einer gemeinnützigen Institution, kurzum, jeder Zusammenschluß von Menschen, die zusammen außerhalb ihres Familienkreises ein bestimmtes Ziel erreichen wollen.

Die hier angeführten Beispiele unterscheiden sich von den bereits genannten im wesentlichen dadurch, daß das Unternehmen nicht völlig gleichzusetzen ist mit den daran beteiligten Menschen.

Auch ein Familienbetrieb ist manchmal schutzbedürftig, doch er benötigt meist einen anderen Schutz als die Menschen, deren Schicksal damit verknüpft ist. Jedes Unternehmen muß eigentlich geschützt werden: vor Neid und Verleumdung von außen, vor aufkeimenden Formen unredlichen Verhaltens von innen, nicht zuletzt vor Konkurrenten und Nachahmern, aber auch vor dem undefinierbaren Etwas, das sich Unglück schimpft und das häufig vom mangelnden Wohlwollen der Öffentlichkeit oder vom mangelnden Urteilsvermögen und der schlechten Zeitplanung der Verantwortlichen herrührt oder schlichtweg außerhalb unseres Einflußbereichs liegt.

Stell dir vor, du willst ein völlig legales und ehrenwertes Geschäft gründen, mit dem du nur Gutes beabsichtigst. Da kommen dir andere Leute zuvor. Sie finden eine Lücke im Gesetz, um etwas äußerst Fragwürdiges und Unverantwortliches aufzuziehen. Daraufhin treten neue und strengere Gesetze in Kraft, die dir ungewollt einen Strich durch die Rechnung machen. Oder ein anderes Beispiel: Du willst dir ein praktisches Gerät patentieren lassen, dessen Erfindung schon lange überfällig war, und hast bereits alles für dessen Herstellung in die Wege geleitet. Ausgerechnet da bringt eine andere Firma eine Maschine heraus, die wesentlich schneller arbeitet, und rührt kräftig die Werbetrommel dafür.

Solche Mißgeschicke lassen sich nicht vermeiden, es sei denn, du machst vom psychischen Selbstschutz Gebrauch. Wie das genau geht, erfährst du gleich.

Zunächst einmal mußt du deine Aura in Topform bringen, was du mit der Visualisierung des Lichtturms nach der allgemeinen Methode (s. S. 49), einer gesunden Lebensweise und einer positiven Einstellung erreichst. Gehört das Unternehmen in erster Linie dir, ist damit schon ein wesentlicher Beitrag zu seinem Schutz geleistet. Du solltest aber trotzdem auch alle anderen Leute in Schlüsselpositionen dazu bringen, diese Schutzmaßnahmen zu ergreifen. Mit den Methoden des psychischen Selbstschutzes ist es zwar möglich, daß Geschäftspartner die Lücke schließen, die ein »schwaches Glied in der Kette« verursacht hat, aber viel besser ist natürlich, wenn es überhaupt kein schwaches Glied gibt. Falls deine Partner nicht an psychischen Selbstschutz glauben oder meinen, daß sie ihn nicht nötig haben, bist du um so mehr gefordert zu handeln.

Im Planungsstadium eines geschäftlichen Unternehmens tut man gut daran, die Astrologie zu befragen, wann der günstigste Zeitpunkt für den Start gekommen ist. Ziel und Zweck des Unternehmens werden dabei ebenso berücksichtigt wie sein Standort und die Geburtsdaten der maßgeblich daran beteiligten Personen. Wenn du bereits genaue Daten zur Einweihung – der »Geburt« des Unternehmens – vorschlagen kannst, um so besser, denn das erleichtert die Erstellung des Horoskops.

Vor diesem Treffen sollte, wenn möglich, ein Zeitplan mit den einzelnen Abläufen, eventuell auch ein Plan mit den Zielvorstellungen oder ein Vertrag ausgearbeitet werden. Wenn das Treffen dann stattfindet, visualisierst du zunächst den Lichtturm bis zu Punkt 8 (s. S. 49), wobei du deine Aura so groß visualisierst, daß sie die ganze Versammlung schützend umhüllt. (Bedenke, daß deine tatsächliche Aura dies mühelos schafft. Du mußt einfach nur deine normale Vorstellungskraft erweitern.)

Falls du ein wichtiges Dokument unterschreiben mußt oder darüber zu entscheiden hast, nimm es in die Hand – in dem Bewußtsein deiner erweiterten Aura –, schau es an und sage dir: »Auf daß das wohlwollende Licht sich auch ergieße auf diese . . . (Gesellschaft, Genossenschaft, Arbeit usw.)«. Visualisiere sodann, wie das silbrig funkelnde Licht der Kugel auf dich herabstrahlt (Punkt 9), und halte dieses Bild fest, solange du mit dem Dokument beschäftigt bist. Anschließend gehst du über zu Punkt 10 und am Ende des Treffens zu Punkt 11. Sollte die Eröffnung nicht mit einer Unterzeichnung verbunden sein, dann benutze diese Technik, um das Unternehmen in einer kritischen Phase zu segnen. Sorge jedoch dafür, daß die ganze Versammlung, zumindest aber der maßgeblich wirkende Teil unter dem Schutz deiner erweiterten Aura steht. *

* Das hier beschriebene Verfahren nennt lediglich die allgemeinen Prinzipien, die natürlich von Fall zu Fall entsprechend abgeändert werden müssen, um den jeweiligen Erfordernissen zu genügen.

Wenn du zum Ende hin deine Visualisierung ausblendest, solltest du wissen, daß das neue Unternehmen auch weiterhin von deiner Aura gegen alles Negative abgeschirmt wird.

Visualisiere diesen Schutzschild möglichst oft in der Anfangsphase des Unternehmens. Bedien dich in deiner Vorstellung eines Symbols, das deiner Meinung nach am besten zu dem Unternehmen paßt, zum Beispiel sein Logo oder das Gebäude, in dem es untergebracht ist, oder irgendeinen dafür typischen Gegenstand. Sieh dieses Symbol förmlich vor dir, innerhalb deiner Aura, und laß es im Licht deines Höheren Selbst erstrahlen. Mach dir diese kurze Meditation mit der Visualisierung des Lichtturms zur täglichen Gewohnheit.

Doch damit ist die Sache noch nicht abgeschlossen – sollte sie auch nicht. So wie das Kind nur so lange unter dem Schutz der mütterlichen Aura steht, bis es seine eigene Aura ausgebildet hat, muß auch dein Unternehmen irgendwann »erwachsen« werden. Du kannst ihm dabei am besten helfen, indem du die Entwicklung seiner eigenen Aura förderst.

Das ist kein abwegiger Vergleich. Die Nichtbefolgung dieses Schritts (bei der Visualisierung) hatte schon für manches tolle Projekt verheerende Folgen, ganz gleich was von seiten des Gründers zu diesem Scheitern geführt hat.

Deshalb mußt du dafür sorgen, daß sich der Erfolg deines Unternehmens auf mehr gründet als auf deine Fähigkeiten oder deine Persönlichkeit. Bedenke auch die Rolle, die deine Partner und die Öffentlichkeit spielen und all die erfreulichen Begleitumstände. Werde nicht neidisch. Keine Angst, alles, was du getan hast, bleibt dir erhalten, auch wenn du es in fremde Hände gibst. Durch die Trennung wird es noch widerstandsfähiger und beständiger.

Denke beispielsweise an die Geschichte des Fliegens, von den ersten Menschen, die anfingen, Vogelschwingen nachzubauen, bis hin zur Landung auf dem Mond. Jeder Erfinder hat mit seiner Vision, so überholt sie uns heute auch scheinen mag, aufgrund ihrer Beziehung zum Rest Berühmtheit erlangt. Oder nehmen wir die Stücke von Shakespeare, die heute als unerschöpfliche Quellen der Philosophie, Soziologie und Psychologie gewertet werden. Anfangs konnten sie aber nur bestehen, weil sie bühnengerecht waren und auch gespielt wurden, mit all dem, was an schauspielerischem Talent, Spielleitung und Theaterorganisation dazugehört. Ganz gleich ob du ein Menschenfreund, Ingenieur, Immobilienmakler oder Gastwirt bist: Wenn aus deinem Unternehmen etwas werden soll, muß es seine Identität wahren, und es muß diese Identität auch dann wahren, wenn es von Menschen geführt wird, die anders arbeiten und denken als du selbst, auch von Menschen, die nicht unmittelbar deine Geschäftspartner sind.

Sobald also das Entwicklungsstadium deines Unternehmens erfolgreich abgeschlossen ist, solltest du dich verstärkt den einzelnen Faktoren zuwenden, die das Wachstum und den Aufstieg deines Unternehmens weiter beschleunigen.

Baue diese Faktoren in deine tägliche Meditation über das Unternehmen ein. Laß sie Revue passieren, visualisiere sie, wenn möglich, sobald du bei Punkt 9 des Lichtturms angelangt bist.

Nach etwa einer Woche visualisierst du zu einem von dir selbst bestimmten Zeitpunkt und nach der Visualisierung des Lichtturms bis zu Punkt 9 das Unternehmen (dargestellt durch dein Symbol) mit allen positiven Begleitumständen, die dazugehören. Du kannst dir die einzelnen Faktoren auch der Reihe nach vorstellen, ohne länger bei einem zu verweilen. Dann »siehst« du vor deinem geistigen Auge, wie sich eine schützende Aura um das Unternehmen herum aufbaut – ein Oval aus leuchtendblauem Licht, das zum Teil von deiner eigenen Aura ausgeht, zum Teil aber auch von dem Unternehmen selbst und von den positiven Begleitumständen ausstrahlt.

Wenn du dieses Bild – diese Schutzhülle aus blauem Licht um das symbolisierte Unternehmen herum – deutlich vor Augen hast oder dir dessen bewußt bist, solltest du dir knapp unter dem Scheitelpunkt dieser Aura eine Kugel aus strahlendweißem Licht vorstellen.

Konzentriere dich ganz auf diese Kugel, damit sie noch heller erstrahlt und wie brennendes Magnesium erglüht. Dieses Glühen wird vom Licht deines Höheren Selbst gespeist, verkörpert gleichzeitig auch die Verbindung zwischen dem Unternehmen und den höheren Mächten. In ihr konzentrieren sich gewissermaßen die Energie, die Vorstellungen und Gedanken, die sich in guter Absicht auf der materiellen Ebene manifestiert haben. Obgleich also diese Lichtkugel nur ein visualisiertes Symbol ist, verkörpert sie einen Teil der wahren göttlichen Kraft.*

---

* Die göttliche Absegnung unserer Bemühungen ist ein vielschichtiges Thema, das hier nur kurz beleuchtet werden kann. Fast alles, was man tut, kann aus irgendeiner guten Absicht heraus geschehen, andererseits gibt es nur wenige Dinge, die nicht in irgendeiner Form auch Schaden anrichten. Die jeweiligen Abstufungen von gut und böse sind bei der Bewertung einer Handlung zu berücksichtigen. Natürlich gibt es unterschiedliche Betrachtungsweisen zu ein und derselben Sache, und manche Menschen haben eine mehr oder weniger schwer nachvollziehbare Sicht der Dinge. Im vorliegenden Fall mußt du dich nur nach bestem Wissen und Gewissen entscheiden, welches die »gute Absicht« ist, die deinem Unternehmen seinen rechtmäßigen Platz im Universum einräumt.

Wenn du der Ansicht bist, dein Unternehmen birgt die Gefahr, Schaden anzurichten, kannst du dieser Entwicklung mit den obengenannten Schutzmaßnahmen entgegenwirken.

Wenn du bereit bist, »siehst« du, wie die Kugel ein funkelndes weißes Licht aussendet, das die Aura überflutet und das Symbol des Unternehmens ganz und gar durchdringt. Die äußere Hülle der Aura ist weiterhin als scharf umrissenes Oval in leuchtendem Blau zu erkennen, während das Innere jetzt in einem lebendigen, funkelnden weißen Licht erstrahlt.

Halte dieses Bild eine Weile fest. Sieh das strahlende Licht unaufhörlich in das Symbol hinein – und drum herumfließen, sieh, wie es innerhalb der schützenden Außenhaut strahlt und funkelt. Dann blende das Bild langsam aus deinem Bewußtsein aus, in der Gewißheit, daß es trotzdem Wirklichkeit ist. In Wirklichkeit ist das Unternehmen weiterhin von seiner eigenen schützenden Aura umgeben, gestärkt durch das himmlische Licht.

Danach beendest du die Visualisierung des Lichtturms mit den Punkten 10 und 11, wie du es bei der Visualisierung zu deinem eigenen Schutz tun würdest.

Falls du den Wunsch hast, die obengenannte Visualisierung ein- oder zweimal zu wiederholen, nur zu. Danach solltest du die schützende Aura deines Unternehmens als gegeben betrachten, die natürlich auch von Zeit zu Zeit einer kleinen Stärkung bedarf. Deshalb solltest du nicht vergessen, hin und wieder die Unterstützung und Hilfe durch andere Menschen und äußere Umstände zu visualisieren.

Psychischer Selbstschutz für ein Unternehmen kann sich auch auf die Gebäude (Fabrik, Klubraum, Büro, Ladenlokal, Klinik was auch immer) erstrecken. Am besten eignet sich dafür die Formel für die Segnung eines Hauses (s. S. 56). Dazu wird der Segensspruch entsprechend abgewandelt, zum Beispiel folgendermaßen:

> *»Möge diese Tür gesegnet sein, damit treue Mitglieder hier ein und aus gehen und ihre Zahl stetig steigt, aber möge sie gleichzeitig allen Neid und Streit fernhalten.« Oder: »Gesegnet sei diese Tür und alle guten*

Kunden, die hier ein und aus gehen. Mögen sie eintreten, um vertrauensvoll und bereitwillig bei uns einzukaufen, und mögen sie uns später ihren Freunden weiterempfehlen. Aber möge diese Tür alle Diebe abschrecken und von uns fernhalten.« *

Diese Methode funktioniert, und sie funktioniert um so besser, je klarer du die positiven Umstände, um die du bittest, visualisierst. Nicht zuletzt verweist sie auch auf eine Vielzahl anderer Möglichkeiten des psychischen Selbstschutzes, mit denen man ganz konkret sein Unternehmen stärken kann.

Einmal angenommen, das Unternehmen, für das du dich interessierst, ist längst über sein Entwicklungsstadium hinaus. Oder du bist gar nicht die Hauptperson darin. (Vielleicht ist es ja die Firma, in der du bis zur Rente zu arbeiten gedenkst, oder die Kirche oder der Klub, den du als dein »geistiges Zuhause« ansiehst.) Wie dem auch sei, hier in diesem Anhang findest du einige Anregungen zum psychischen Schutz deines Unternehmens, sei es, daß du selbst aktiv wirst, sei es, daß du mit psychischen Mitteln andere Menschen dazu bringst, es dir gleichzutun.

Jedes Unternehmen, das wachsen und gedeihen soll, ist auf die Kreativität vieler Menschen angewiesen, und viele von ihnen verbindet kaum noch etwas mit dem Begründer. Es spielt aber überhaupt keine Rolle, ob du der Begründer bist oder jemand, der erst später dazugekommen ist. Du kannst trotzdem eine Menge für das Unternehmen tun: Verschönere, stärke und festige sein Bild und seine schützende Aura in der Astralwelt.

* Natürlich müssen auf der materiellen Ebene entsprechende Sicherheitsvorkehrungen getroffen werden. An Verbrechensbekämpfung muß auf jeder Ebene gedacht werden, aber die materielle Ebene allein ist nicht immer ausreichend.

Anhang B

Psychischer Schutz gegen Verbrechen

Wir haben an verschiedenen Stellen in diesem Buch auf den ganz konkreten Nutzen von psychischem Selbstschutz bei kriminellem Verhalten aller Art hingewiesen, ob es sich um Gewalttätigkeiten, Betrug oder Diebstahl handelt. Es folgen nun weitere nützliche Hinweise und wirksame Methoden des psychischen Schutzes für dich selbst, deine Familie und deine Nachbarschaft.

Du oder einer deiner Nachbarn wird vielleicht sagen: »Psychischer Selbstschutz? Wunderbar für die eingangs genannten Zwecke. Aber wenn es um mein Eigentum oder meine Kinder geht, will ich doch lieber handfesten materiellen Schutz.« Natürlich solltest du zum Schutz deiner Lieben oder deines Hab und Guts auf die verfügbaren Mittel zurückgreifen, psychische Maßnahmen sind aber genauso unverzichtbar und sollten daher nicht vernachlässigt werden. Dazu zwei Beispiele:

Du bist stolzer Hausbesitzer und hast vor zu verreisen, willst aber, daß dein Heim in deiner Abwesenheit richtig »bewohnt« aussieht. Du hast bereits eine Weile vor dem geplanten Abreisetermin dein Gepäck zusammengesucht und auch ein paar Zeitschaltuhren gekauft, die während deiner Abwesenheit das Licht im Haus ein- und ausschalten. Auf diese Weise vermeidest du hektische Urlaubseinkäufe in letzter Minute. Regelmäßige Lieferungen hast du für die Zeit deines Urlaubs diskret abbestellt, und ein guter Freund hat versprochen, täglich die Post aus dem Briefkasten zu nehmen, zugestellte Päckchen ins Haus zu tragen und dafür zu sorgen, daß keine verräterischen Werbeprospekte vor deiner Tür liegenbleiben.

Wenn dein Freund alles wie versprochen macht, wunderbar. Aber manchmal kommt etwas dazwischen, sei es irgendeine überraschende Nachricht oder eine Krankheit oder ein anderer Notfall, der es ihm unmöglich macht, sein Versprechen zu halten. Wie kannst du einer solchen Situation vorbeugen? Du kannst die nächste Polizeistation über deine Urlaubspläne informieren. Das ist auf jeden Fall eine gute Idee. Und darüber hinaus kannst du psychischen Selbstschutz einsetzen.

Oder angenommen, du bist gerade umgezogen und willst an der Vordertür deiner neuen Wohnung ein anderes Schloß anbringen lassen. Du mußt aber feststellen, daß die Tür eigentlich viel zu morsch ist. Da hilft auch kein noch so starkes Schloß: Zuerst muß die Tür verstärkt oder ausgewechselt werden. Der Vermieter verspricht, sich darum zu kümmern, aber das dauert eine Weile. Was machst du also in der Zwischenzeit?

Du solltest deine Wertsachen schleunigst auflisten, fotografieren und die Liste samt Fotos in deiner Bank lagern. Dein Fahrrad kannst du bei der nächsten Polizeidienststelle registrieren lassen und einen Sticker auf das Rad kleben, damit potentielle Diebe gleich wissen, daß es sich nicht lohnt, dein Rad zu stehlen. Abgesehen davon kannst du dein Eigentum zusätzlich mit den Methoden des psychischen Selbstschutzes absichern.

Grundvoraussetzung für fast alle Arten des psychischen Selbstschutzes ist die Bewahrung einer starken und strahlenden Aura, und das erreicht man durch die regelmäßige Visualisierung des Lichtturms. Selbst bei Methoden, die den Lichtturm nicht ausdrücklich erfordern, leistet diese Übung wertvolle Dienste. Visualisiere den Lichtturm also täglich zu deinem persönlichen Schutz und regelmäßig zum Schutz deines Hauses; geh dabei nach den Anweisungen auf S. 56 vor. Dies ist jedoch nur ein Bruchteil von dem, was du mit psychischer Kraft gegen Verbrechen auszurichten vermagst.

Manche Dinge lassen sich schwer beweisen. Du kannst sagen: »Herr oder Frau Soundso praktiziert seit 30

Jahren psychischen Selbstschutz und ist in der ganzen Zeit nicht einmal ausgeraubt worden«, aber woher willst du wissen, ob Herr oder Frau Soundso deswegen nicht ausgeraubt wurden. Herr oder Frau Soundso – da kannst du sicher sein – kümmern sich nicht um diese Fragen. Sie sind einfach nur froh, unbehelligt zu leben, aus welchem Grund auch immer, und werden ihr Psychoprogramm, das ihnen so ein sorgloses Leben bereitet, weiterhin durchführen. Wie heißt es doch so schön bei Crowley: »Wer das Wie kennt, den kümmert nicht das Warum.«

Wir wollen der Frage nach den Hintergründen nicht begangener Straftaten nicht weiter nachgehen, wir wissen allerdings von einem Fall, wo die äußeren Umstände die »Funktionsweise« einer einfachen Maßnahme zum wirksamen Schutz von persönlichem Besitz offenbart haben. Wir behaupten nicht, daß diese Technik in jedem Fall genauso funktioniert, wie sie in der folgenden Geschichte beschrieben wird. Der springende Punkt ist die erstaunliche Wirkungsweise dieser Technik, die über den Bereich des Zufalls hinausgeht.

In einer Stadt mit extravaganten Geschäften lebte einst eine Frau, die (wie viele andere) mehr für ihren eigenen Stil als für ihre finanziellen Mittel getan hatte. Oft mußte sie sich damit zufriedengeben, all die schönen Dinge in den Auslagen nur anzuschauen, aber hin und wieder entschloß sie sich doch zu einem Kauf. Wenn sie das Gewünschte nicht sofort bezahlen konnte, vollzog sie einen unauffälligen kleinen Ritus, eine Art von »Aneignungstechnik«, wie sie weiter unten zum Schutz deines Eigentums beschrieben wird.

Die Frau, von der hier die Rede ist, legte nur kurz ihre Hand auf den auserkorenen Gegenstand und versicherte sich innerlich voller Überzeugung, daß er ihr gehörte, und niemand anders konnte ihn dann kaufen. Wenn es ihr aus irgendeinem Grund nicht möglich war, den Gegenstand zu berühren, fixierte sie ihn einfach genauso fest entschlossen mit ihrem Blick. Alle von ihr ausgesuchten Sachen verblieben – manchmal sogar monatelang – im Laden, bis sie sie kaufen konnte. Aber sie hatte natürlich keine Ahnung, warum andere Käufer die Artikel übersahen.

Eines Tages durfte sie sich von einer Freundin etwas wünschen. Und so erzählte sie ihr von einer wunderschönen venezianischen Vase, die sie einige Monate zuvor in einem Schaufenster erblickt hatte und unbedingt haben wollte. Die Freundin nahm einige Mühen auf sich, um die Vase zu besorgen – das Geschäft lag in einem anderen Stadtteil – und kam schließlich mit der enttäuschenden Nachricht zurück, daß die Vase bereits verkauft war. Sie hatte mit der Verkäuferin den ganzen Laden abgesucht, aber sie hatten keine Vase gefunden, auf die die Beschreibung zutraf, obwohl es einige andere gab, die so ähnlich aussahen. Merkwürdig war nur, daß die Verkäuferin sich nicht daran erinnern konnte, die Vase verkauft zu haben. So blieb den beiden Freundinnen nichts anderes übrig, als das Geschäft noch einmal gemeinsam aufzusuchen und etwas Neues auszusuchen.

Beim Betreten des Ladens sah die Frau, die gedanklich bereits vor Monaten von besagter Vase Besitz ergriffen hatte, das begehrte Stück in einem Regal gegenüber der Eingangstür stehen, sie war nicht zu übersehen und zweifellos die richtige. Sie deutete darauf und die Freundin kaufte sie ihr sofort, aber sie und die Verkäuferin waren sich ganz sicher, daß diese Vase beim letzten Mal nicht dort gestanden hatte.

Vielleicht war sie für sie unsichtbar oder, was wahrscheinlicher ist, auch nur ohne Belang. Diese seltsame und magische »Behandlung« hat zur Folge, daß Menschen wie Gegenstände oft unter den unmöglichsten Umständen nicht gesehen werden. Auf diese gleiche Weise kannst du auch deine Wertsachen vor Dieben und Einbrechern schützen.

Dein physischer Körper ist dein grundlegendes »Werkzeug« in dieser Welt. Hände, Füße, Augen, Ohren, jedes Organ, mit dem du irgendeine Fähigkeit zum Ausdruck bringst oder dir einen Wunsch erfüllst, läßt dich leben und gibt dir die Möglichkeit, deine Lebenskraft auszuweiten.

Alles Materielle, was du besitzt oder schätzt, ist in gewisser Weise auch eine Ausweitung deiner Lebensweise und somit eine Ausweitung deines physischen Körpers. Es muß ein Gebrauchsgegenstand für dich sein oder etwas, woran du Freude hast, oder von dem du willst, daß es das in Zukunft für dich ist. Deshalb tätest du gut daran, den Gegenstand in diesem Licht zu sehen, ihn mit deiner Lebensenergie aufzuladen, die auch deinen physischen Körper aufgeladen hat.

Du verstehst nun hoffentlich die tiefe und vertraute Gefühlsebene, auf der dieses Vorgehen stattfindet. Es ist ähnlich wie bei einem Athleten, der vor dem Wettkampf mit der Hand über seine Muskeln fährt, oder wie bei einer Frau, die ihr wunderschönes Haar beim Bürsten zurückstreicht. Es geht dabei um mehr als nur »Besitzerstolz«, denn die körperlichen Eigenschaften sind für ihre Besitzer ein Ausdrucksmittel ihres inneren Selbst. So kann und so sollte es auch mit unserem Gefühl in bezug auf unser Hab und Gut sein.

Einen Gegenstand schützen:

Damit die hier angesprochene Technik auch wirklich funktioniert, solltest du regelmäßig den Lichtturm visualisieren, mindestens eine Woche lang sogar morgens und abends. Anschließend setzt du dich bequem in die Nähe deiner Wertsachen, die du beschützt wissen möchtest.

Stell zunächst ganz bewußt den Kontakt mit deinem Höheren Selbst her, indem du den Anweisungen auf S. 123 folgst.

Nachdem du dies getan hast, nimm nacheinander jeden einzelnen Gegenstand, der beschützt werden soll, in deine rechte Hand oder lege deine Hand auf den Gegenstand.

Sei dir bewußt, daß sich in der Mitte deiner Handflächen ein Energiezentrum oder Chakra befindet, das in etwa dem aus Herzlinie, Lebenslinie und Mondberg gebildeten sensitiven Dreieck entspricht und das psychische Energie sehr gut verteilen und aufnehmen kann. Du solltest deshalb den jeweiligen Gegenstand so halten, als wolltest du einen psychischen Energiestrom direkt durch ihn hindurchschicken – sozusagen von Handfläche zu Handfläche – oder deine rechte Hand direkt auf den Gegenstand legen, um die Energie hindurchzujagen. (Die rechte Hand ist diejenige, die gibt, egal ob du Rechts- oder Linkshänder bist.)

Denke währenddessen ganz bewußt daran, was dir dieser Gegenstand bedeutet, und sage – laut oder leise: »Er gehört mir. Ich erfülle ihn mit meiner Lebenskraft, um ihn zu schützen, denn er ist ein Teil meines Lebens.« Danach legst du ihn wieder behutsam zur Seite. Auf diese Weise weihst du den Gegenstand zu deinem Gebrauch und zu deiner Freude.

Psychische Mittel können aber auch ganz anders eingesetzt werden. Wenn deine Freunde und Nachbarn an psychischem Selbstschutz interessiert sind oder du ihr Interesse dafür wecken kannst, um so besser. Damit tust du eine Menge für die Verbrechensbekämpfung in deiner Nachbarschaft.

Wenn keine Gefahr droht, scheint der Gedanke an psychischen Selbstschutz manchen zu weit hergeholt, in Notzeiten aber, wenn Vandalismus, Brandstiftung und Taschendiebstähle oder Angriffe auf Kinder oder alte Menschen überhandnehmen, sehen deine Nachbarn wahrscheinlich eher die Notwendigkeit, dagegen etwas zu unternehmen, nicht nur auf der materiellen, sondern auch auf der psychischen Ebene.

Aber ob es nun eine Verbrechenswelle gibt oder nicht, ist eine »Bürgerwehr« nach amerikanischem Vorbild keine schlechte Sache. Sie muß nur den jeweiligen Wohnverhältnissen (große alleinstehende Häuser, Hochhaussiedlungen, Geschäftsviertel, das nach den Bürozeiten fast wie ausgestorben ist, usw.) angepaßt sein. Wie dem auch sei: die nächste Polizeidienststelle gibt auf alle Fälle Auskunft, wie man sich auf der materiellen Ebene am besten absichern kann. Was die psychische und psychologische Seite betrifft, hier noch ein paar Hinweise:

Abgesehen von dem relativ seltenen Fall eines Monomanen, das heißt, eines Psychopathen mit krankhaften Wahnideen und Zwangsvorstellungen, der gewissermaßen vorprogrammiert und somit auch nicht zu beeinflussen ist – egal was du tust –, kannst du die möglichen Opfer schon erheblich schützen, wenn du sie aus ihrer »Opferrolle« herausholst.

Alte Menschen und Kinder fallen oft auf »freundliche« Fremde rein, die ihnen Hilfe anbieten, um die sie nicht gebeten haben. Eine erste Schutzmaßnahme besteht also darin, die möglichen Opfer davon zu überzeugen, daß sie nicht allein auf weiter Flur sind, sondern daß sie wirkliche Freunde und Nachbarn haben und deshalb nicht auf Fremde angewiesen sind.

Eine zweite und überaus wichtige Schutzmaßnahme besteht darin, Kinder und alte Menschen, falls möglich, in die Schutzkampagne einzubeziehen und ihnen zu zeigen, was sie zu ihrem eigenen Schutz und zum Schutz anderer tun können. Wie aktiv der einzelne mitarbeitet, ist abhängig von seinem Temperament, seiner Fähigkeit und seiner Neigung. Von Kindern über sieben Jahre kann man in der Regel schon erwarten, daß sie aufpassen, was um sie herum passiert, wenn sie draußen spielen. Ältere Leute dagegen, die nicht mehr so gut zu Fuß sind, sitzen vielleicht gern am Fenster und schauen raus, und die aktiveren sehen sich draußen ein bißchen um, während die anderen arbeiten.

Egal ob jung oder alt jemals helfen, ein Verbrechen aufzudecken oder zu verhindern, sie können dabei ein paar sehr wichtige Dinge zu ihrem eigenen Schutz lernen, und das ist das Wichtigste. Sie lernen, »erhobenen Hauptes« durch die Straßen zu gehen, sich nicht grundlos in der Öffentlichkeit zu zeigen und einen zielstrebigen Eindruck zu machen (s. S. 68). Und noch ein letzter Rat: Nach Möglichkeit sollte man nie feste regelmäßige Zeiten für seine Unternehmungen haben.

Abweichungen von der täglichen Routine schützen nicht nur dich selbst, sondern entnerven auch den möglichen Gesetzesbrecher. Zwei alte Veteranen mit einem wachsamen und bärbeißigen Gesicht, die zu den unterschiedlichsten Zeiten um ihren Block patrouillierten, säuberten die Gegend innerhalb kürzester Zeit von lichtscheuem Gesindel, obwohl keiner von beiden mehr als vier Meter weit sehen konnte, aber diese Schwäche war natürlich nicht allgemein bekannt.

Gleichzeitig muß den Patrouillengängern, insbesondere den Kindern, eingeschärft werden, daß sie sich, sobald sie etwas Verdächtiges sehen, zum Beispiel Leute, die sich an geparkten Autos oder leerstehenden Häusern zu schaffen machen, sofort unauffällig entfernen und die Informationen wie vereinbart weiterleiten. Sie sollten keineswegs versuchen, sich als Amateurdetektive zu betätigen. Nur so wird verhindert, daß sie sich selbst in Gefahr bringen. Gleichzeitig lernen sie, sich wie verantwortungsvolle Bürger zu verhalten und nicht wie unwissende mögliche Opfer.

Außer den hier im Anhang beschriebenen oder vorgeschlagenen Techniken können auch die eingangs in diesem Buch erwähnten Methoden erfolgreich zur gemeinsamen Verteidigung gegen Verbrechen eingesetzt werden. Voraussetzung für alle diese Methoden ist die gestärkte Aura des einzelnen. Wenn mehrere Familien über längere Zeit regelmäßig den Lichtturm visualisieren, bauen sie nach und nach eine schützende »Gemeinschaftsaura«

um den ganzen Block auf, ob sie sich dessen bewußt sind oder nicht. Aber vielleicht bist du ja an ganz gezielten Maßnahmen interessiert, die rascher greifen.

Das Gruppenritual für den psychischen Schutz aller Mitglieder (s. S. 168) – die sogenannte Lichtwandmethode – ist außerordentlich machtvoll und sollte trotz anfänglicher Mühen fleißig geübt werden, bis sie »sitzt«. Die abgewandelte Methode zum Schutz einer bestimmten Person läßt aber auch eine andere Variation zu. So können zum Beispiel zwei oder drei Elternpaare, gegebenenfalls unter Mithilfe von Verwandten oder Freunden, ihre Kinder in die Kreismitte stellen und um deren Schutz bitten.

Was immer auch getan wird, es ist sehr wichtig, eine Atmosphäre zu schaffen, die von vertrauensvoller und intelligenter Selbsthilfe und nicht von Furcht und Angst geprägt ist. Wenn Straftaten oder Jugendliche in deiner Nachbarschaft zum Problem werden oder wenn zum Beispiel aufgrund vieler leerstehender Gebäude eine deprimierte Stimmung herrscht, hat die psychische und geistige Atmosphäre gewaltige Auswirkungen auf den einzelnen. Falls du dich nicht jeden Abend mit deinen Freunden treffen kannst, solltet ihr ein wöchentliches Treffen vereinbaren, bei dem ihr den machtvollen und ermutigenden Ritus des ersten Kathisma (s. S. 175) vollzieht, der sich ausgehend von den Psalmen über viele Glaubensunterschiede hinwegsetzen kann und Schutz, Läuterung und Frieden bringt.

Neben diesen personenbezogenen Schutzmaßnahmen kannst du mit deinen Freunden auch die Örtlichkeiten selbst schützen. Eure diesbezüglichen Bemühungen können auf zwei Ebenen gleichzeitig wirksam werden, und diese beiden Ebenen solltest du dir gut merken. Denn eine beabsichtigte Wirkung ist im allgemeinen stärker als eine, die durch richtiges Handeln, aber ohne das entsprechende Bewußtsein zustande kommt.

1. Die passive oder stille Ebene, der zum Beispiel Steine, Ziegel, Zement und Holz angehören, Materialien, die auf sie einwirkende Kräfte von heftigen oder ständig wiederkehrenden Gefühlsregungen mehr oder weniger gut aufnehmen und speichern können.
2. Die aktive Ebene, der Elementale angehören, die durch menschlichen Kontakt verdorben wurden, und die gern an kriminellen und lasterhaften Orten herumlungern. Wie bereits erwähnt, stürzen sich diese Elementale nicht nur auf die bei sexuellen oder alkoholischen Ausschweifungen freigesetzten Energien, sondern drängen ihre Opfer mit krankhaften Phantasien zu weiteren Exzessen, weil sie in ihrem Energiedurst unersättlich sind. Manchmal kommen diese Elementale auch dahinter, daß durch Blutvergießen noch viel mehr Lebenskraft freigesetzt wird, und so kann es zum Beispiel durch Eifersucht oder Wut in Verbindung mit Alkohol zu Gewalttätigkeiten, Mord oder Selbstmord, kommen, für die es keinen ersichtlichen Grund gibt.

Die Folgen dieser negativen Einflüsse – auf der passiven wie auf der aktiven Ebene – zeigen sich in der Astralwelt, das heißt in der Welt der Gefühle, der Instinkte und der Phantasie. Wenn du mit deinen Freunden allein gegen diese Folgen ankämpfen willst, habt ihr auf Dauer keine Chance, gegen die feindlichen Mächte zu gewinnen. Deshalb müßt ihr die Macht einer höheren Ebene anrufen, bevor ihr euch einen »moralischen Vorteil« verschaffen könnt. Bevor ihr mit der Begehung der Örtlichkeiten beginnt – das ist unumgänglich, wenn etwas bewirkt werden soll – sollten alle Beteiligten gemeinsam den Lichtturm visualisieren, entweder nach der allgemeinen Methode oder besser noch mit Hilfe des Gruppenrituals von S. 168.

Wenn ihr bei dieser Gelegenheit beten wollt, nur zu. Egal nach welcher Methode ihr vorgegangen seid, solltet ihr im Anschluß daran ein Gebet sprechen, damit die höhere geistige Macht, auf die ihr euch eingestimmt habt, die Kraft jedes einzelnen und die der Gruppe stärken kann.

Ihr müßt die »Ortsbesichtigung« nicht nächtens vornehmen, aber ihr solltet wissen, welche Plätze und Straßen nach Einbruch der Dunkelheit einsam und verlassen und als Treffpunkte für finstere Gestalten bekannt sind. Besonders zu berücksichtigen sind Orte, an denen in letzter Zeit wiederholt Verbrechen begangen wurden.

Euer besonderes Interesse sollte auch Stellen gelten, an denen sich schwere Unfälle ereignet haben. Ein Augenblick der Unachtsamkeit und schon ist das Unglück geschehen. Auch dahinter kann ein Elemental stecken.

Überall dort, wo ihr meint, daß es notwendig ist, solltet ihr gemeinsam die oben beschriebene Aneignungstechnik anwenden. Der betreffende Ort gehört zu eurer Nachbarschaft, zu eurer Wohngegend, in der du, ihr alle und eure Kinder das Recht habt, angstfrei und unbehelligt zu leben. Ihr beansprucht diesen Platz im Namen der entsprechenden Mächte des Lichts. Falls es einen markanten Punkt gibt, auf den Mitglieder der Gruppe ihre Hand legen können, zum Beispiel einen Pfosten an der Einmündung in eine schmale Gasse oder die Tür eines leerstehenden Gebäudes, dann sollte dies jetzt geschehen. Wer nicht dazu in der Lage ist, sollte seine rechte Hand auf die Schulter dessen legen, der den Pfosten usw. berührt, oder die Gruppenmitglieder sollten eine Kette bilden. Falls es nichts zu berühren gibt, sollte die »Aneignung« über Blickkontakt erfolgen (s. S. 204)

Zur Reinigung der Örtlichkeit sollten sich an dieser Stelle der Aneignungstechnik, unabhängig davon, ob die Lichtwände bereits zu einem früheren Zeitpunkt visualisiert worden sind oder nicht, alle Mitglieder der Gruppe an den Händen fassen (die rechte über die linke Hand legen). Da hierbei kein Kreis gebildet werden muß, haben die beiden Außenstehenden jeweils eine Hand frei. Du oder wer immer die Gruppe anführt, sollte dann leise für die ganze Gruppe sprechen: »Zur Reinigung dieses Platzes und zum Schutz all derer, die sich hier versammelt haben, erheben wir Anspruch auf diesen Platz im Namen von ...«

Dann stimmen alle ein, nennen einen zuvor vereinbarten göttlichen Namen und visualisieren ein göttliches Symbol, wie es in Punkt 9 und der Anmerkung im Gruppenritual für den psychischen Schutz aller Mitglieder beschrieben wird. Das Licht des Symbols wird dann auf den Platz herabstrahlen und ihn reinigen. (Falls ihr euch auf kein Symbol einigen könnt, solltet ihr euch eine Kugel aus weißem Licht vorstellen und dabei folgende Worte sprechen: »Im Namen unseres Höheren Selbst oder der göttlichen Liebe«).

Nach einer Weile laßt ihr die Vorstellungsbilder wieder verblassen und zieht weiter.

Falls es in deiner Wohngegend viele Problemzonen gibt, reicht eine einmalige Ortsbegehung nicht aus, um alles zu reinigen. Innerhalb von zwei Wochen sollte daher ein zweiter Besuch erfolgen und gegebenenfalls noch weitere. Diese Form der Segnung ist aber auf jeden Fall sehr wirkungsvoll.

Dem Verbrechen muß auf jeder Ebene entschieden Einhalt geboten werden: auf der spirituellen, der mentalen, der emotionalen und der materiellen Ebene. Bei den Vorschlägen zu den anderen Ebenen mußten wir zwangsläufig auch auf die materielle Ebene zur Verhinderung von Straftaten eingehen, obwohl das mit dem Thema dieses Buches wenig zu tun hat. Wie bereits an anderer Stelle erwähnt, sollte man stets den Rat eines Experten beherzigen, egal um welchen Lebensbereich es geht. In der Verbrechensbekämpfung kennt sich die Polizei am besten aus. Die Beamten können zwar nicht dein Heim umgestalten oder dein Leben leben, aber wenn du Hilfe oder Rat brauchst, wirst du nicht allein gelassen.

Was den Rest betrifft, bedenke stets, daß du nicht nur

ein Einzelwesen bist, sondern eine »Zelle« innerhalb eines größeren Organismus – der Gemeinschaft, in der du lebst. Diese Gemeinschaft ist sowohl ein psychisches als auch ein materielles Gebilde, und du mußt deinen Teil dazu beitragen, damit dieser Organismus gesund bleibt. Selbst wenn du ein Leben führen könntest oder wolltest, ohne je ein Wort mit einem anderen Menschen zu wechseln, hättest du trotzdem noch diese Verantwortung und könntest sie in gewisser Hinsicht auch tragen. Ein wirklich zufriedenes und selbstsicheres Auftreten trägt nicht nur zu deinem eigenen Schutz bei, sondern ist auch anderen Menschen eine große Hilfe.

Deine Zufriedenheit zeigt älteren oder problembeladenen Menschen, daß das Leben noch immer lebenswert ist. Das richtet sie wieder auf und läßt sie neuen Mut schöpfen. Deine Zufriedenheit zeigt (den oft angsterfüllten) Kindern, daß die Älteren die Sache positiv sehen; daß nicht jeder gegen jeden kämpft.

Und wenn es in allen Altersgruppen weniger Unzufriedene gibt, Freude und Liebe unter den Menschen wachsen, müßte doch eigentlich auch die Verbrechensrate sinken, oder?

Glossar

Amulett
Ein kleiner Gegenstand, der zum Schutz gegen Übel und Unheil (am Körper) getragen wird.

Angst
Ein mit Beklemmung, Bedrückung, Erregung einhergehender Gefühlszustand angesichts einer Gefahr; undeutliches Gefühl des Bedrohtseins.

Archetyp
Ein Urbild bzw. eine Erfahrung im Gottesbewußtsein (Philo, Augustinus) oder im kollektiven Unbewußten (C. G. Jung).

Astralblutung
Unfreiwilliger Verlust von Astralsubstanz, meist im Bereich des Solarplexus.

Aura
Ein natürliches Strahlungsenergiefeld, das den menschlichen Körper, aber auch Tiere umhüllt. Die emotionale Aura ist das Kraftfeld, das vom Astralkörper ausstrahlt, die elektrische Aura die Ausstrahlung vom physischen Körper.

Baum des Lebens
In der Kabbala ein magisches Symbol, das die zehn Sephiroth versinnbildlicht, die »Stimmen aus dem Nichts« oder die Ebenen des Seins, die der Mensch sowohl in der

Welt als auch in seinem Innern als existent wahrnimmt. Diese werden als Sphären oder Kreise dargestellt und sind so angeordnet, daß sie sich alle im Gleichgewicht befinden.

Das Unbewußte

Der Bereich der Psyche, der nicht der bewußten Wahrnehmung unterliegt. Das kollektive Unbewußte ist die gewaltige geistige Erbmasse der Menschheitsentwicklung, in der vor allem die Archetypen (s. Stichwort), die »Urbilder« enthalten sind; das persönliche Unbewußte umfaßt die Gedächtnisfunktion, die Sinnesvorgänge usw. eines Individuums.

Elemental/Elementargeist

Ein »Naturgeist«, eine Wesenheit oder »Kraft« der Astralwelt, auf der untersten Stufe der aufsteigenden Lebensleiter, jedoch hochsensibel, empfänglich und nachahmend.

Emotion

Eine Zustandsveränderung des Bewußtseins, ausgelöst durch einen oder mehrere niedere Instinkte oder durch einen höheren Reiz, sozusagen als Entsprechung zu den Instinkten.

Energiezentren

Energiezentren des Astralkörpers, die den Nerven- oder Drüsenzentren im physischen Körper entsprechen: die sogenannten Chakras.

Entspannung

Befreiung von einer Anspannung; insbesondere eine gezielte und progressive Lockerung der willkürlichen Muskeln im gesamten Körper. Die kreative Muskelentspannung ist ein Programm, bei dem die Muskeln zuerst angespannt und dann entspannt werden, wobei man sich nacheinander auf die einzelnen Körperteile konzentriert.

Glorie
In der Kunst ein Strahlenkreuz oder Nimbus, der die ganze Gestalt (z. B. Christus) umgibt; wird auch als Ausdruck der Aura gedeutet.

Heiligenschein
In der Kunst ein Lichtschein oder Strahlenkreuz um das Haupt einer göttlichen oder heiligen Person, der das Licht aus dem höchsten Energiezentrum darstellen soll.

Hemmung
Ein durch einen unbewußten oder irrationalen Faktor der Psyche erhobener Einspruch, der das Denken an oder Erkennen von bestimmten Gegebenheiten oder Instinkten, das Wirksamwerden anderer Funktionen, das Einsetzen einer Tätigkeit oder eines Ausdrucksverhaltens behindert.

Instinkt
Unbewußt gesteuerter, keiner Übung bedürfender natürlicher Antrieb zu bestimmten Verhaltensweisen in lebensbedrohlichen Situationen: der Instinkt der Nahrungssuche, der Selbsterhaltungstrieb, der Instinkt der Fortpflanzung usw.

Kathisma
Ein Abschnitt aus dem Byzantinischen Psalter.

Kraftfeld
Der Bereich, in dem eine bestimmte Energie oder ein Einfluß zum Tragen kommt. Das Alpha-Kraftfeld meint die elektrische Aura, das Beta-Kraftfeld die emotionale Aura (s. Aura).

Mandorla (Mandelglorie)
In der mittelalterlichen italienischen Kunst ein mandel

förmiger Heiligenschein, der die ganze Gestalt umgibt und als Aura gedeutet wird.

Meditation
Ein Zustand konzentriert-beschaulichen Nachdenkens oder innerer Sammlung, in dem die Aufmerksamkeit durch Vorstellungskraft, Konzentration oder andere Mittel gänzlich von der Außenwelt abgelenkt wird.

Nimbus
Eine in der klassischen Literatur häufig erwähnte helle und strahlende »Wolke«, ein Strahlenkranz oder Lichtschein, der die Gestalt einer göttlichen Person auf Erden umgibt; in der mittelalterlichen Kunst ein Heiligenschein hinter oder über den Häuptern göttlicher, heiliger oder königlicher Personen.

Okkultismus
Die Erforschung des »Verborgenen«; die Lehre von übersinnlichen, nach Naturgesetzen nicht erklärbaren Kräften und Dingen.

Poltergeist
Ein »lärmender Geist«, meist eine Manifestation geballter, ungezügelter Energie, die sich durch Klopfen bemerkbar macht, gern Gegenstände zu Boden schleudert bzw. verrückt oder mit Feuer, Wasser und ähnlichem spielt. Häufig menschlichen (meist inkarniert menschlichen) Ursprungs, wenn auch unbewußt herbeigeführt; zuweilen auch mit anderen Handlungen verbunden; fasziniert von der Macht.

Psyche
Das nichtmaterielle Etwas, die seelisch-geistige Organisation des Menschen, seine bewußten wie unbewußten Geisteskräfte.

Rückpralleffekt
Die ganz normale Rückkehr einer psychischen Kraft an ihren Ausgangspunkt, wenn sie an ihrem Zielort abgewehrt wird. Dieses Zurückprallen kann sehr heftig sein.

Selbst
Der Wesenskern eines jeden Geschöpfes, der der einen oder anderen Hauptgruppe der Gesamtpersönlichkeit zuzuordnen ist. Höheres Selbst, jener Teil der Psyche, der dem Verstand übergeordnet ist: das höhere Unbewußte, der göttliche Geist. Niederes Selbst, die Seele zusammen mit dem physischen Körper: das rationale, emotionale, instinktive niedere Unbewußte und die körperlichen Ebenen des Menschen.

Sensitiv
Von übersteigerter Feinfühligkeit, mit außersinnlichem Wahrnehmungsvermögen ausgestattet.

Sensitiver
Ein Mensch mit überdurchschnittlicher Reaktionsbereitschaft und gesteigertem Empfindungsvermögen (für paranormale Vorgänge).

Sephirah (Mehrzahl: **Sephiroth**)
Eine der zehn Sphären oder Emanationen im kabbalistischen Baum des Lebens (s. Stichwort). Sieben der Sephiroth stellen die verschiedenen Existenzebenen dar und entsprechen den sieben Planeten der traditionellen Astrologie.

Splitterpersönlichkeit
Ein Teil der Psyche, der sich durch starke Hemmung (s. Stichwort) vom Rest abspaltet und in der Folge als eigene Persönlichkeit oder gar als separate Wesenheit wirkt.

Suggestion

Die gei tig-seelische Beeinflussung eines Menschen mit dem Ziel, ihn zu einem bestimmten Verhalten (Handlung, Worte oder Gefühle) zu veranlassen, ohne daß der Verstand eingeschaltet wird; eine häufig angewandte Technik bei psychischen Angriffen.

Telepathie

Die Übertragung von Ideen, Bildern, Eindrücken, Stimmungen usw. zwischen zwei Menschen auf rein geistiger oder seelischer Ebene ohne Zuhilfenahme der Sprache oder anderer normaler Kommunikationsmittel; mittlerweile als Erfahrung eines fremdseelischen Vorgangs anerkannt.

Traumtagebuch

Aufzeichnung von Träumen, meist zur Deutung oder zur Auswertung der psychischen Reaktionen auf ein bestimmtes Programm; im Zusammenhang mit psychischem Selbstschutz zur Feststellung von Anzeichen eines psychischen Angriffs und dessen Beschaffenheit.

Unterschwellig (subliminal)

Wörtlich »unterhalb der Schwelle des Bewußtseins«, ein von Leibniz geprägter Begriff, der in Verbindung mit Reizen und Botschaften gebraucht wird, die die Bewußtseinsschwelle unterlaufen bzw. der Kontrollfunktion des Bewußtseins entgehen und somit unbewußte Handlungen zur Folge haben können.

Vampir

Ein Wesen, das anderen die Lebenskraft entzieht, meist als echter Vampir, das heißt als grober Astral- oder Ätherkörper eines Verstorbenen (und nicht, wie gemeinhin angenommen, als wiederbelebter Leichnam). Beim Psychovampir handelt es sich um einen Lebenden, der bewußt oder unbewußt anderen Menschen Energie abzapft, um sich selbst wieder aufzuladen. Der Astralvampir ist ein nichtkörperliches Wesen, selten eine ganz »erdgebundene« Seele, manchmal eine abgespaltene Splitterpersönlichkeit (s. Stichwort) und manchmal auch ein niederes Elemental, das Jagd auf Menschen macht.

Verlangen
Ein starkes, inneres Bedürfnis nach etwas, das einem nützlich erscheint.

Wachtraum
Bezeichnung für lebhaft vorgestellte Erlebnisse oder Erlebnisketten im Wachzustand; auch Tagtraum.

Übungen zum Selbstschutz/Übersicht

Verlag Hermann Bauer · Freiburg im Breisgau

Linda Roethlisberger

Der sinnliche Draht zur geistigen Welt

Das Lehrbuch zur medialen Entwicklung

464 Seiten, gebunden, ISBN 3-7626-0498-3

Quer durch alle Berufs- und Gesellschaftsschichten kann die außersinnliche Wahrnehmung dem Leben eine ungeahnte Dimension hinzufügen, eine Fülle von Einsichtsmöglichkeiten und Verständnis. Wenn der göttliche Funke in das Alltags- und Berufsleben einfließt, wird eine Brücke von der grobstofflichen in die feinstoffliche Welt geschlagen, über die dem einzelnen wesentliche Information und Entscheidungshilfe zufließt.

Der sinnliche Draht zur geistigen Welt gibt dem Leser für diesen Brückenschlag alles Wissenswerte an die Hand. Das Buch stellt ein solides Ausbildungsprogramm für die mediale Entwicklung vor. Dazu gehören praktische Übungen zur Selbsterfahrung, zum Hellfühlen, Hellhören und Hellsehen, Auralesen und Deuten von Symbolen ebenso wie so wichtige Gebiete wie Verantwortung, Schutz und Gefahren. Alles in ihrem Lehrwerk beruht auf Erprobung in der Praxis.

Verlag Hermann Bauer · Freiburg im Breisgau

Verlag Hermann Bauer · Freiburg im Breisgau

Israel Regardie

Das magische System des Golden Dawn

3. Aufl.; 1 672 S.; 3 Bde.; kart.; ISBN 3-7626-0504-1

Die Gründung des Golden Dawn-Ordens *(Hermetischer Orden der goldenen Dämmerung)* 1887 in England war ein entscheidendes Datum für die Entwicklung der westlichen Esoterik. Israel Regardie ist es zu verdanken, daß die Kenntnisse, Überlieferungen und Praktiken des Ordens mit dessen Auflösung dennoch nicht untergegangen sind.

Das magische System des Golden Dawn umfaßt drei Bände, ist in zehn Kapitel gegliedert und stellt einen durchstrukturierten und logisch aufgebauten Kurs in die magische Entwicklung und Praxis dar. Regardie beschreibt das System als lebendes, noch entwicklungsfähiges Gebäude zum spirituellen Wachstum und zur Selbstentfaltung. Dabei erklärt er u. a. die esoterischen Traditionen des Westens, das magische Alphabet, die Grundlagen des Tarot, der Geomantie und Astrologie, die 72 Engelnamen und ihre Bedeutung, das kabbalistische Kreuz und grundlegende Techniken wie das Pentagrammritual oder das Hexagrammritual. Ferner behandelt er die Bedeutung und Herstellung von Talismanen und Pentakeln, die originalen Rituale des Golden Dawn sowie das henochische System.

Dieses historische Werk gilt als das Grundlagenwerk der Esoterik, auf dem zahllose andere Bücher aufbauen. Unverzichtbar für alle, die sich seriös und gewissenhaft mit der wahren Esoterik beschäftigen wollen.

Verlag Hermann Bauer · Freiburg im Breisgau

Verlag Hermann Bauer · Freiburg im Breisgau

HAZIEL

Gebete für Gesundheit und Heilung

169 Seiten, gebunden, ISBN 3-7626-0500-9

Uneigennützig und voll reiner Liebe übertragen Engel ihre Energien auf den Betenden: Schmerzen und Krankheiten werden gelindert, Heilung kann erfolgen, und Wesen der Astralebene können erlöst werden.

Damit dies geschehen kann, benötigen die Engel *unsere* Hilfe: *Gebete, mit denen wir die Verbindung zum Göttlichen herstellen.*

Die 22 Gebete, die wir in diesem Werk vorstellen, sind von Haziel in Zusammenarbeit mit der Mystikerin Anna Alba verfaßt und herausgegeben worden.

Verlag Hermann Bauer · Freiburg im Breisgau